ARKANA

Buch

Joel Rothschilds Aufzeichnungen sind ein wunderbarer Beweis dafür, dass wir von denen, die wir lieben, niemals getrennt werden. Nachdem Albert und Joel HIV-positiv getestet wurden, gaben sie einander das Versprechen: Wenn einer von ihnen sterben müsse, würde er aus dem Jenseits versuchen, mit dem anderen Kontakt aufzunehmen. 1994 war es so weit: Albert schied aus dem Leben, und der skeptische Joel blieb in seinem tiefen Schmerz über den Verlust des geliebten Freundes allein zurück. Doch bald verwandelte sich die Skepsis in ein spirituelles Erwachen. Denn es begann eine Reihe von wundersamen Begebenheiten und Erfahrungen, die Joels Leben von Grund auf änderten und ihn zu einem neuen Verständnis von Leben und Tod veranlassten.

»Diese absolut erstaunliche Geschichte kann jede Seele berühren, denn wir alle sind in irgendeiner Weise betroffen von Verzweiflung und Freude im Leben und der Liebe... Ich gratuliere Joel und danke ihm, dass er ein so wundervolles Buch geschrieben hat.«

Paul Coelho, Autor von »Der Alchemist«

JOEL ROTHSCHILD

SIGNALE

Eine inspirierende
Geschichte über das Leben
nach dem Leben

Aus dem Amerikanischen
von Rita Höner

ARKANA
Goldmann

Die amerikanische Originalausgabe erschien unter dem Titel
»Signals. An Inspiring Story of Life After Life«
in der New World Library, Novato, Kalifornien

Umwelthinweis:
Alle bedruckten Materialien dieses Taschenbuches
sind chlorfrei und umweltschonend.
Das Papier enthält Recycling-Anteile.

Vollständige Taschenbuchausgabe November 2000

Umschlaggestaltung: Design Team München
Umschlagabbildung: The Image Bank/Tomek Sikora
Satz: Uhl + Massopust GmbH, Aalen
Druck: Elsnerdruck, Berlin
Verlagsnummer: 21575
Lektorat: Gerhard Juckoff
WL · Herstellung: Heidrun Nawrot
Made in Germany
ISBN 3-442-21575-7
www.goldmann-verlag.de

1. Auflage

*»Das Beste am Leben eines guten Menschen
sind die kleinen, namenlosen, vergessenen Taten,
die er aus Liebe und Güte tut.«*
William Wordsworth

Dieses Buch ist gewidmet:

Sharon Shaw – ohne deren Liebe und Unterstützung wäre mein Leben zu Ende gewesen, bevor die hier aufgezeichneten Wunder mir widerfahren konnten.

Meiner Familie für ihre ganz besondere Liebe, vor allem meiner Schwester Patti Ward, die ihr Leben in den Dienst unterprivilegierter Kinder gestellt hat.

Philip Rothschild, der genauso lange wie ich mit Aids gekämpft hat.

Meinen Freunden Gary Goldberg, Monty Hill, David Raff, Jonathan Kanes, Katie Haber, Rita Wainer, David Hockney, Pat Gregor, David Bay-Andersen, Cathy Boulton, Bill Brown und all den anderen in diesem Buch erwähnten Freunden, bei denen ich Lachen, Liebe und menschliche Wärme gefunden habe.

Billy Bologna und Mark Simons ganzer Familie sowie den zahllosen anderen Menschen, die sich in den schlimmsten Augenblicken der Not um die Sterbenden gekümmert haben. Marc Allen, Katherine Dieter, Jeff Indusi, Jeff Yarbrough und Lee Gurst, die den Wert meiner Geschichte erkannten.

Und Keith, den ich liebe.

Inhalt

Geleitwort

Als ich die ersten Seiten dieses Buches gelesen hatte, war ich sicher, dass jedes Wort wahr ist. Nachdem ich Joel Rothschild persönlich kennen gelernt hatte, war ich absolut davon überzeugt. Im Verlauf der Ereignisse, die Joel beschreibt, erscheint mehrmals unerwartet ein Kolibri. Er landet auf seiner Schulter, lässt sich von ihm in der Hand halten und sogar an einen Freund weiterreichen. Wenn dies hier ein Roman wäre, würde man ihn der Rubrik »magischer Realismus« zuordnen.

Katherine Dieter, eine exzellente Schriftstellerin und Lektorin, redigierte Joels Manuskript und erzählte mir, während dieser Arbeit sei immer wieder ein Kolibri aufgetaucht und habe sie beobachtet. Eine letzte Überarbeitung habe ich selbst vorgenommen, und als ich das erste Mal eine Pause machte und nach draußen ging, tauchte ein Kolibri auf und schwebte mehrere Sekunden lang etwa 25 cm vor meinem Gesicht. Das habe ich weder vorher noch nachher je erlebt. Er schien mich kritisch zu beäugen und zu sagen: »Wer ist dieser Bursche? Ist er gut genug, an diesem Buch zu arbeiten?«

Er starrte mir direkt in die Augen und schien dann zu sagen: »Geh wieder an die Arbeit! Dies ist ein wichtiges Buch!«

Vielleicht bilde ich mir das nur ein. Aber das, was Joel erlebt hat, ist sehr viel realer – es ist wundersam und wunderschön. *Signale* ist ganz sicher ein bedeutsames Buch, das ein paar unserer alten Überzeugungen verändern und unser Leben leichter und heller machen kann.

Marc Allen, Herausgeber
Novato, Kalifornien

Vorwort

Gestern Abend habe ich mir die Brücken von Florenz angesehen. Sie sind schon tagsüber wunderschön, aber noch atemberaubender sind sie nachts. Mit ihren funkelnden Lichtern und ihrer würdevollen Majestät geben sie dieser Stadt in Italien etwas ganz besonders Zauberisches, und als ich gestern Abend während eines Bummels über den Piazzale Michelangelo auf sie herunterschaute, fiel mir eine eindrucksvolle Metapher ein.

Brücken sind der wichtigste Teil unseres Lebens.

Ich glaube, dass Albert mir diesen Gedanken geschickt hat.

Wer ist Albert? Nun, das werden Sie in diesem bemerkenswerten Buch herausfinden. Ich wusste nichts von Albert, bis ich nach dem abendlichen Ausflug zum Piazzale in mein Hotelzimmer zurückkehrte. Ich hatte Joel Rothschilds Buch *Signale* tagelang mit mir herumgetragen, durch Korea, durch Oslo und durch halb Italien. Ich reiste um die Welt, um den Menschen auf der ganzen Erde die Botschaft der *Gespräche mit Gott* zu bringen, die kurz gesagt einfach die ist, dass wir alle eins sind. Bei meinen Begegnungen mit Menschen unterschiedlicher Kultur, Tradition, Sprache, Umwelt und Religion habe ich jeden Tag und mit zunehmender Länge der Reise immer intensiver darüber nachgedacht, wie wir diese

Idee des Einsseins allen Menschen überall auf der Welt vermitteln können. Wie kann ich die Kluft schließen, die uns trennt und jeden auf einer eigenen Insel stranden lässt?

Dann stand ich gestern Nacht über den Dächern von Florenz, sah, wie sich die Brücken im Wasser des Arno spiegelten, und bekam mein Geschenk: eine Einsicht.

Heute Morgen empfand ich das dringende Bedürfnis, Joels Manuskript zu lesen. Nicht ein schwaches oder mittelstarkes, sondern ein unabweisliches Bedürfnis. Also vertiefte ich mich in den Text. Der Besuch der *Galleria dell'Accademia*, die Besichtigung des David, würden warten müssen. Heute sollte ich etwas anderes bekommen – ein anderes Kunstwerk, ein anderes unschätzbar schönes Geschenk.

Ich habe dieses Geschenk angenommen, und jetzt gebe ich es an Sie weiter. Wenn Sie dies lesen, halten Sie es in den Händen. Ignorieren Sie es nicht. Legen Sie es nicht ins Regal zurück oder auf den Tisch, oder wo immer sonst Sie es herhaben. Lesen Sie es. Dieses Geschenk ist für Sie, sonst hätten Sie es nicht bekommen. Jetzt müssen Sie nur noch bereit sein, es anzunehmen.

Dieses Buch ist eine Brücke. Eine Brücke zwischen den Welten und eine Brücke zwischen den Welten, die wir in dieser Welt entstehen lassen. Und diese Brücke könnte vieles ändern, denn sie überbrückt die Kluft zwischen dem, was wir über die Welt – und die Welt nach dieser Welt – wissen oder zu wissen meinen, und dem, was wirklich ist.

In diesem Buch geht es um Leben und Tod und Liebe und Gott – um alles also. Ein Homosexueller hat es geschrieben, und deshalb berichten diese Seiten von homosexuellen Erfahrungen. Aber egal ob Sie schwul oder hetero sind, ich glaube, dass Sie dieses Buch als große Brücke empfinden werden. Ich suche eine solche Brücke seit langem, besonders seit den *Ge-*

sprächen mit Gott, die explizit klarmachten, dass Gott in seiner ewigen und immer währenden Liebe Homosexuelle genauso annimmt wie uns alle. Seitdem suche ich nach einem Weg, diese Botschaft an die ganze Welt weiterzugeben, auch an den Teil der Welt, der homosexuell ist, damit wir die Trennungen zwischen uns überwinden können – zwischen uns allen... nicht nur zwischen Schwulen und Heteros, sondern auch zwischen Schwarzen und Weißen, Christen und Juden, Moslems und Christen, Katholiken und Protestanten, Männern und Frauen, damit wir Brücken finden über all die künstlichen Gräben, die wir zwischen uns gezogen haben.

Ich habe diese Brücke hier gefunden, in einem wunderschönen Buch, das auch die größte Kluft von allen überbrückt – die Kluft in unserem Verständnis von Leben und Tod. Bin ich mit allem in diesem Buch einverstanden? Jeder Schlussfolgerung, jeder Nuance, jeder kleinsten Sinnzuweisung? Nein. Vielleicht ist das ein Zeichen für meine begrenzte Fähigkeit, alles zu verstehen, vielleicht aber auch nur der gesunde Hinweis auf meine weiterhin bestehende Abneigung, keine Fragen mehr stellen zu dürfen. Ein paar Dinge möchte ich noch selbst entdecken. Trotzdem finde ich das meiste von dem, was hier geschrieben steht, mehr als nur inspirierend. Ich finde es erleuchtend; eine weit reichende, wichtige Offenbarung.

Trotzdem muss ich Ihnen sagen, dass ich mit einer Aussage in Joels Buch überhaupt nicht einverstanden bin. Es ist gleich der vierte Satz im ersten Kapitel. Er heißt: »Die menschliche Fähigkeit, die Erfahrung anderer zu verstehen, ist sehr begrenzt.« Joel selbst mit seinem beredten Stil, seinen tiefen Einsichten, seinen freimütigen, aufrichtigen und mutigen Mitteilungen und seiner absolut reinen Absicht straft diese Aussage Lügen. Ich verstehe seine Erfahrung vollkommen. Und das werden auch Sie. Denn er äußert hier Dinge, die in uns allen da sind, und gibt so dem Teil von uns Ausdruck, der sich danach sehnt, gehört zu werden. Es ist der Teil von uns, der weiß, was Liebe ist, und der versucht, diese Liebe bedingungslos und immerfort zu äußern und zu erleben. Das ist etwas, das wir alle verstehen, das uns allen gemeinsam ist, das unsere kleinen, oberflächlichen, rein zufälligen Unterschiede übersteigt und uns in Einheit verbindet.

Sie brauchen nicht homosexuell zu sein, um dieses Buch oder die in ihm geschilderten Menschen zu verstehen. Sie brauchen nur ein Mensch und mit Ihrem Menschsein in Kontakt zu sein. Aber das Schöne an diesem Buch ist, dass es den Kreis auch wieder schließt – es bringt Sie in Kontakt mit Ihrem Menschsein, auch wenn Sie diesen Kontakt zu Anfang nicht hatten. Und dann bewirkt es noch etwas anderes. Es bringt Sie in Kontakt mit dem Teil in Ihnen, der größer ist als Ihr Menschsein. Es lässt Sie sehen, wer Sie wirklich sind.

Dieses Buch beantwortet die wichtigste Frage Ihres Lebens. Es erlaubt Ihnen, diese Antwort vor Ihrem Tod zu erfahren, der das größte Geschenk Ihres Lebens sein wird. Und deshalb ist dieses Buch der Schatz aller Schätze, nach dem jeder denkende Mensch sucht. Es ist eine Quelle ewiger Wahrheit. Es enthält das, was ich beruhigende Wahrheit nenne; es erlaubt dem Verstand, zuletzt zu dem sicheren Wissen zurückzufinden, welches unsere Seele uns von Anfang an als wahr eingeflüstert hat. Auf ein solches Zeichen warten wir schon lange. Jetzt hat Gott es uns geschickt: in wieder einer anderen Form, durch wieder eine andere Stimme, zu wieder einer anderen Zeit.

Danke, Joel, für deine mutigen, weisen und liebevollen Worte.

Neale Donald Walsch
Florenz, Italien

Danksagung

Ganz besonderer Dank gilt meinem Freund Dr. Keith del Villar. Er ist Molekularbiologe, und wie die meisten Wissenschaftler arbeitet er viel, ohne viel zu verdienen. Seine Forschungen nehmen ihn sehr in Anspruch, und sein bisschen Freizeit hat er überwiegend dafür verwendet, mir bei diesem Buch zu helfen. Die Forschungswissenschaftler hierzulande sind eine Armee unermüdlicher Helden und bekommen sehr wenig Anerkennung. Diese Helden haben die Medikamente entwickelt und die medizinischen Fortschritte zu Stande gebracht, die zumindest teilweise dafür verantwortlich sind, dass ich noch am Leben bin. Ihre engagierte, brillante Arbeit hat Millionen Menschen das Leben gerettet.

Keith erforscht derzeit ein Gen, das Bauchspeicheldrüsenkrebs auslöst. Diese Arbeit führt die Wissenschaft einen Schritt näher an die Heilung heran. Er wird dieses Forschungsgebiet in Kürze aufgeben und dann über Alzheimer arbeiten. Wie alle Wissenschaftler kooperiert er mit vielen Kollegen. Kein Durchbruch oder Fortschritt wurde von einem Einzelnen bewerkstelligt. Die Wunder der Wissenschaft bauen auf der Arbeit auf, die in der Vergangenheit geleistet wurde. Schweiß und Ausdauer besiegen die Krankheit. Seit ich Keith kenne, habe ich für das Engagement, das in die Entwicklung der Aidsmedikamente investiert wurde, mehr Hochachtung.

Ich möchte auch zwei anderen Freunden danken: Elizabeth Taylor und Keith Haring. Elizabeth war schon aktiv, als sonst niemand da war. Sie nutzte ihren Ruhm als Star, um Gelder aufzutreiben, andere zu informieren und gegen die Diskriminierung anzukämpfen. Ohne fremde Hilfe veränderte sie die öffentliche Einstellung zu Aids und rettete zahllose Leben. Ihre großzügige Arbeit, ihr Engagement, ihre persönlichen Opfer und ihr Einsatz an Zeit und Geld waren enorm. Ich hoffe, dass die Menschen sich daran einmal genauso erinnern werden wie an ihre Karriere als Schauspielerin.

Keith Haring hat zahlreiche Stiftungen gegründet. Er war mit beträchtlichen Spenden zur Stelle, als Gruppen wie *Act up* sie brauchten. Mithilfe seines Geldes konnten politische Aktivisten die Art und Weise verändern, in der noch nicht zugelassene Medikamente an Menschen erprobt werden. Diese Aktivisten haben die US-Gesundheitsbehörde verändert und es ermöglicht, dass unheilbar Kranke neue Behandlungsmethoden und viel versprechende Medikamente schneller bekommen. In einer Zeit, in der für die Zulassung eines Medikaments ausnahmslos Doppelblindstudien gefordert wurden, haben sie zur Entwicklung von Studien beigetragen, die unter bestimmten Voraussetzungen einen patientennahen, erweiterten Zugang zu Medikamenten erlauben. Diese Arbeit hat verheißungsvolle Medikamente Jahre früher für Schwerstkranke zugänglich gemacht und zahllose Menschenleben verlängert. Aids war vielleicht der Auslöser für diese Veränderungen eines veralteten Systems. Der Gedanke, dass diese Krankheit etwas Positives zu Stande gebracht hat, ist ermutigend. Millionen Menschen mit anderen

Krankheiten werden jetzt und in Zukunft von diesen Veränderungen profitieren. Die Aidsforschung hat die Wissenschaft auf eine Weise vorangebracht, die noch vor ein paar Jahren unvorstellbar war. Keith starb 1989; ich hoffe, dass die Welt sich an seine Werke der Großmut und Güte erinnern wird.

Einführung

Sharon Shaw war der erste Mensch, dem ich wirklich Liebe und Vertrauen entgegenbrachte. Sie gab mir den Mut, weiterzumachen und zu kämpfen, als ich Aids bekam und todkrank war. Noch 1995 dachte ich, ich würde nicht lange genug leben, um dieses Buch zu schreiben.

1986 gaben meine Ärzte mir weniger als drei Jahre zu leben. 1994 sagten sie meinen Tod in weniger als zwölf Monaten voraus. Jetzt haben wir 2000 und ich lebe immer noch und bin gesund. Ich habe nicht nur diese Prognosen, sondern auch zwei meiner Ärzte überlebt. Für mich ist das jetzt eine schöne Zeit. Mir ist ein zweites Leben geschenkt worden. Aber das ist nur ein Teil der Geschichte. Denn hier geht es um ein sehr viel größeres Wunder, das in meinem Leben geschehen ist.

Vor ein paar Jahren setzte ich mich hin, um Sharon Shaw einen Brief zu schreiben. Es ist schwer vorstellbar, dass ich den Kontakt zu einem Menschen, der für mein Leben so wichtig war, abreißen lassen konnte. Früher hatten wir uns jeden Tag gesprochen und uns mindestens einmal in der Woche gesehen. In den letzten paar Jahren sind wir uns nur kurz begegnet. Es ist nicht so, dass wir uns nicht mehr mögen, aber die Wege des Schicksals sind unerforschlich und führen sogar die engsten Freunde in neue, unterschiedliche Richtungen.

Ich setzte mich also hin, um ihr einen Brief zu schreiben, und aus dem Brief wurde dieses Buch. Beim Schreiben wanderten meine Gedanken immer wieder zu demselben Thema: dass das Leben sich ständig ändert, vor allem auf unerwartete Weise. In meinem Leben ist es eine unerwartete Veränderung, dass ich überhaupt noch am Leben bin. Ich bin heute einer der am längsten lebenden Aids-Überlebenden. Aber das ist gar nicht die unerwartetste Veränderung in meinem Leben. Dies hier ist nicht nur die Geschichte meines Überlebens. Es ist die Geschichte einer spirituellen und medialen Erweckung, die mir aufgenötigt wurde.

Diese Geschichte ist absolut wahr. Beim Schreiben konzentriere ich mich auf die Fakten. Ich habe versucht, persönliche Gefühle wegzulassen, wenn sie für die Geschichte nicht wichtig sind. Ich fühle mich an Viktor Frankls Geschichte des Holocaust in seinem klassischen Buch *Der Mensch vor der Frage nach dem Sinn* erinnert, auch wenn ich nicht wage, die Erfahrungen oder Bücher von uns beiden zu vergleichen, denn mir ist klar, wie tief bewegend seine Erfahrungen waren. Ich habe ihn einmal sprechen gehört. Er sagte, ursprünglich hätte er sein Buch anonym veröffentlichen wollen. Er hatte das Gefühl, dass die Dinge, über die er schrieb, bedeutender waren als sein persönliches Leben, sein Kommentar nicht wichtig war und es nur um die sachliche Dokumentation seiner Erfahrung ging. Ich habe sein Buch immer bewundert, und mir ergeht es ähnlich. Ich glaube, dass die Ereignisse, die mir zwischen dem 1. Juni 1994 und März 1995 widerfahren sind, größer und bedeutender sind als mein kleines Leben. Aber ich kann meine persönliche Geschichte nicht von den Ereignissen trennen. Meine Erfahrungen mit

Aids sind mit den in diesem Buch dokumentierten medialen Erlebnissen untrennbar verbunden. Ich bin von Natur aus ein Skeptiker, aber die hier geschilderten Erlebnisse haben meine Skepsis ins Wanken gebracht.

Auf der *Enterprise* hatten sie einen Vulkaniertest, und in Natalie Woods letztem Film *Project Brainstorm* gab es ein Verfahren, die Empfindungen und Erfahrungen einer Person auf eine andere zu übertragen, sodass ein Mensch genau dasselbe erleben kann wie jemand anderes. Es wäre schön, wenn ich diese Fähigkeit hätte, wenn ich Sie nun mit meiner Geschichte bekannt mache. Es ist ein schöner Wunschtraum, aber im wirklichen Leben ist es unmöglich, die Erfahrung eines anderen Menschen ganz zu verstehen. Sehr viel von dem, was wir lernen, müssen wir selbst erleben, um es akzeptieren zu können. Unsere Kommunikation ist begrenzt. Besonders schwierig scheint es zu sein, Menschen, die nicht wissen, was Leid ist, das Leid zu erklären. Noch schwieriger ist es, abstrakte und stark von der persönlichen Erfahrung gefärbte Begriffe, zum Beispiel Heilung, Wachstum und Hoffnung, zu erklären. Und fast unmöglich scheint es zu sein, metaphysische Begegnungen und Zeichen aus dem Jenseits zu erklären.

Bevor ich die hier geschilderten Erfahrungen machte, hätte ich ähnliche Geschichten als vom Autor ausgebrütete Phantasien abgetan. Und ich bin sicher, dass auch Sie an diesen Ereignissen zweifeln werden. Mein Leben jedenfalls haben sie drastisch verändert. Ich habe mehr Frieden gefunden, bin entschlossener geworden und kann Dinge eher akzeptieren. Meine Gesundheit hat sich schnell und umfassend verbessert, wozu ganz bestimmt meine neue Einstellung zu Leben und Tod ebenso viel beigetragen hat wie die neuen Aidsmedikamente. Aids hatte bei mir die typisch menschliche Verdrängung des eigenen Todes bereits reduziert, aber einem Leben nach dem Tod stand ich immer noch skeptisch gegenüber. Eine Reihe von Signalen aus dem Jenseits, die mir wie Wunder vorkommen, hat diese Skepsis jetzt fast völlig aufgelöst. Ich habe begriffen, dass es im Himmel und auf Erden sehr viel mehr gibt, als ich alter Agnostiker mir hätte träumen lassen. Ich hoffe von ganzem Herzen, dass dieses Buch irgendjemandem hilft, auch am Ende des dunkelsten Tunnels ein Licht zu sehen. Vielleicht können wir uns zusammen darauf konzentrieren, dass das Glas halb voll ist, wenn es halb leer erscheint. In meinem Leben sind geplatzte Träume und zerschlagene Pläne im Laufe der Zeit zu einem fruchtbaren Boden für neue Blumen, Erfahrungen und Kreationen geworden, die ich mir vor ein paar Jahren noch nicht hätte vorstellen können – wie zum Beispiel dieses Buch.

1. Kapitel

Ein Freitod und ein gebrochenes Versprechen
(1. Juni 1994)

Hass entsteht und hält sich durch Verallgemeinerungen, denen ich deshalb zutiefst misstraue. Trotzdem ist etwas Wahres an der Tatsache, dass wir eher Umgang mit Menschen haben, die uns ähnlich sind, und dass es uns oft schwerer fällt, Menschen zu verstehen, die anders sind als wir. Vielleicht stimmt es, dass Weiße Schwarze nie ganz verstehen können, genauso wenig wie Christen Juden, Männer Frauen, Schwule Heterosexuelle usw.

Die menschliche Fähigkeit, die Erfahrungen anderer zu verstehen, ist sehr begrenzt. Einfühlsamkeit und Sensibilität sind bei uns allen unterschiedlich stark ausgeprägt. Menschen, die sehr einfühlsam und sensibel sind, tragen in diesem Leben eine schwere Last. Mein Freund Albert besaß von diesen Eigenschaften mehr als jeder Mensch, dem ich je begegnet bin. Albert konnte keine Mücke töten, ohne an ihren Tod zu denken. Er war Vegetarier, weil Fleisch essen bedeutet hätte, den Todesschmerz dieses Tieres mitzuessen.

Es ist für mich nicht einfach, Ihnen nur mit Tinte und Papier meine Gefühle zu vermitteln. Ich möchte zum Ausdruck bringen, was ich am 1. Juni 1994 mittags empfand, als ich die Tür zu Alberts kleiner Wohnung öffnete, die Schwelle überschritt und ihn tot vorfand. Der Raum war voll von abgebrannten Kerzen; nur eine einzelne brannte noch. Eine leere Weinflasche stand auf dem Tisch, die Rollos waren heruntergelassen, und der Boden war übersät mit leeren Pillenschachteln.

Mein bester Freund, mein Gefährte, meine Familie, mein Leben, meine Freude, mein Lachen, hatte sich selbst das Leben genommen. Keine Worte, keine noch so beredte Beschreibung, wie ich weinend seinen kalten, grauen Körper hielt, können den Schock, den Zorn und die Qual übermitteln, die ich in jeder Zelle meines Körpers empfand. Mir war schlecht. Mein Herz raste und hämmerte, in meinen Ohren brauste es. Ich schrie: »Warum? Nein, Albert, nicht du!« Ich dachte: Das muss ein Traum sein. Gott, lass mich aufwachen. Bitte Gott, lass mich aus diesem Albtraum aufwachen.

Aber ich wusste ganz genau, dass es kein Traum war, und ich weinte und schaukelte vor und zurück und hielt das kalte Fleisch des besten Freundes, den ich je hatte. Ich zitterte wie vor Kälte – etwas in meinem Körper kämpfte gegen den Schock an. Ich rang damit, nicht ohnmächtig zu werden, mich nicht zu übergeben, nicht zusammenzubrechen. Er hatte sich selbst das Leben genommen. Diese egoistische Tat hatte alle Versprechen gebrochen, die er mir je gegeben hatte, auch das, mich nie zu verlassen.

Wir hatten über Selbstmord geredet. Über was hatten wir in den Jahren unserer Freundschaft nicht gesprochen? Wir hatten vereinbart, dass wir uns Lebewohl sagen und uns mindestens 24 Stunden vorher Bescheid sagen würden, wenn einer von uns sich je das Leben nehmen würde. Wir würden diese letzte Zeit zusammen verbringen... Ich wollte meine gottverdammten 24 Stunden!

Albert hatte nicht angerufen. Wenn wir 24 Stunden zusammen gewesen wären, hätte er vielleicht seine Meinung geändert. Er hätte es nicht getan. Wusste er nicht, wie sehr ich ihn liebte? Ich hatte es ihm sicher tausendmal gesagt. Ich weiß, dass ich ihm weitere tausendmal sagte, wie viel er mir bedeutet. Ich war wütend und der Zorn schüttelte mich. Er hatte mich betrogen. Ich suchte nach einem Brief, einer Erklärung. Es war nichts da. Ich bäumte mich auf gegen Albert und gegen Gott: »Warum? Warum?«

Der Schmerz wurde schlimmer. Er war eruptiv, brach aus dem Innersten heraus. Ich wusste nicht, wie ich die nächste Minute überleben sollte, geschweige denn die nächste Stunde, den nächsten Tag. Ich heulte: »Du verdammter Hund! Nichts habe ich dir bedeutet! Wie konntest du mir das antun! Wie konntest du mich hier allein lassen? Warum jetzt? Du hast mich nie geliebt!«

Wir hatten über den Tod gesprochen. Bei uns beiden war vor Jahren die Diagnose HIV-positiv gestellt worden, und wir hatten beide viele Freunde verloren. Ich war jahrelang sehr krank gewesen und erwog damals selbst, mich umzubringen. Albert war der, der vollkommen gesund geblieben war. Albert war der Optimist, der Spirituelle, der an ein Leben nach dem Tod glaubte. Vor langer Zeit hatten wir uns versprochen, dass der, der als Erster sterben würde, versuchen würde, Kontakt zum anderen aufzunehmen – durch ein Zeichen, mithilfe einer wie auch immer gearteten medialen Fähigkeit. Er würde signalisieren, dass es ein Jenseits gibt. Das sollte unser Zeichen der Hoffnung sein.

Jetzt war dieser Pakt mir vollkommen egal. Ich wollte seine Signale nicht. Nichts, was er von da drüben tun könnte, wäre von Belang. Wenn er mit einem Regenbogen meinen

Namen in den Himmel schreiben oder mir mystische Kräfte verleihen würde, es wäre mir egal. Was immer er tun würde, wäre nicht so real wie Fleisch und Blut und Freundschaft; es würde überhaupt nie wichtig sein. Er hatte unser Versprechen gebrochen und mich im Stich gelassen. Nie mehr würde ich seine Stimme hören. Es war das einzige Mal, dass er mich je angelogen hatte – und es war die größte aller vorstellbaren Lügen. Er war gegangen. Der Körper, den ich in den Armen hielt, würde sich nie wieder bewegen. *Jetzt* brauchte ich seine Liebe, musste ich wissen, dass er mich geliebt hatte, dass alles, was wir gemeinsam erlebt hatten, real war, aber er konnte es mir nicht mehr sagen.

Die Polizei, Freunde kamen; sie entrissen seinen Leichnam meinen Händen. Ich war unfähig, den Raum zu verlassen. Schließlich ließen sie mich allein; ich schrie und weinte. Ich konnte sie draußen hören. Jemand sagte: »Lasst ihn eine Weile allein.« Und jemand anders sagte: »Um Gottes willen, bringt ihn nach Hause.« Ich schwor, diesen Ort nie zu verlassen. Ich würde mich nie wieder bewegen. Ich fühlte nur Schmerz. Ich verlor jedes Zeitgefühl. Minuten schienen wie Stunden.

Sein Körper wurde weggenommen. Ich wusste, dass ich ihn nie wieder fühlen würde. Nie wieder würde ich seine Stimme hören. Verzweifelt, fast teilnahmslos saß ich da, ich weiß nicht wie lange.

Das Geräusch der Leute draußen klang ab. Die Polizei war weg. Nur ein paar Freunde waren geblieben und warteten darauf, dass ich herauskam. Sie wollten mir helfen, den Heimweg zu finden. Sie waren still. Ich wimmerte jetzt nur noch; ich hatte aufgehört zu weinen.

Das Tageslicht wurde schwächer, und ich fing an, eine unheimliche Ruhe zu spüren. Sie hielt nur kurze Zeit an, aber ich empfand sie als seltsam beruhigend. Dann spürte ich seine Gegenwart, als würde er etwas sagen. Ich hörte die Worte nicht mit meinen Ohren, aber ich spürte ein schwaches Rufen, das kein Sinnesorgan registrieren kann. Ich fühlte seine Stimme. Er sagte mir, ich solle nach draußen gehen, hinter das nächste Haus, wo ich eine Mülltonne finden würde.

Du wirst die Nachricht finden, die du brauchst. Hol sie und geh dann nach Hause.

Ich rannte nach draußen zur Mülltonne hinter dem Haus nebenan und durchsuchte hektisch den Abfall. Alle dachten, ich wäre verrückt geworden. Dort, ganz unten auf dem Boden, fand ich Alberts letzte geschriebene Worte. Er hatte die Nachricht im Müll des Nachbarn versteckt, damit sie nie gefunden würde. Sie war nicht fertig. Überall waren Worte durchgestrichen. Überall waren Tränenspuren. Der zerknüllte Brief begann: »An meinen innigst geliebten Joel«, und endete, »du bist mein liebster Freund. Ich werde dich immer lieben.« Das war genau das, was ich wissen musste. Ich musste wissen, dass seine letzten Gedanken mir gegolten hatten.

Ich fühlte mich weniger betrogen, und dieser kleine Zettel geleitete mich nach Hause. Ich verkroch mich in mein Bett. Es war ein tröstliches Nest angesichts der leer gewordenen Welt da draußen, und ich fand sogar ein bisschen Freude an dem Gedanken, dass unsere Freundschaft tatsächlich bis zum Tod gehalten hatte.

Später in dieser Nacht kam Albert wieder zu mir, und ebenso an den folgenden Tagen und Monaten. Einige Zeit musste vergehen, bevor mir klar wurde, dass er mir ein unglaubliches Geschenk gemacht hatte. Damals jedoch konnte ich nicht wissen, wie meine Zukunft sich dadurch verändern würde. Und wie hätte ich wissen sollen, dass durch einen Schneeballeffekt das Leben so vieler anderer Menschen beeinflusst werden würde? Wie hätte ich wissen sollen, dass ich aus abgrundtiefer Verzweiflung zu einem Leben voll Dankbarkeit, ja sogar Freude finden würde, dass die Gebete meiner Kindheit erhört werden würden und mein Leben neuen Sinn bekommen würde?

Diese tief greifenden Veränderungen lassen sich mit Worten nur andeuten. Ich fürchte, dass Tinte und Papier nicht zum Ausdruck bringen können, wie großartig diese vergangenen Augenblicke waren. Erklärungen vermitteln nie dieselben Empfindungen wie tatsächlich Erlebtes. Lassen Sie es mich trotzdem versuchen.

2. Kapitel

Ein kurzer Rückblick, eine Liste mit Namen

Alberts Selbstmord kam zum denkbar schlechtesten Zeitpunkt. Drei andere gute Freunde waren sterbenskrank; meine eigene Gesundheit war stark angeschlagen, und ich hatte gerade knapp eine durch die Immunschwäche verursachte Infektion überstanden. In meinem Leben hatte es immer Richtungswechsel und Kehrtwendungen gegeben; vielleicht ist das Leben immer so. Alberts Tod zeigte mir, dass das Unerwartete jetzt normal wurde. Ich war mir sicher gewesen, dass Albert länger leben würde als ich. Ein Freund hatte einmal gesagt: »Das Leben läuft immer anders als du denkst.« Diese Worte waren nur allzu wahr geworden.

Der 1. Juni 1994 veränderte den Lauf meines Lebens für immer. Er fing an wie jeder andere Morgen auch. Ich glaube, viele dramatische, lebensverändernde Ereignisse fangen mit einem ganz gewöhnlichen Morgen an. Ich fühlte mich recht gut, was an sich schon ein kleines Wunder war. Meine Gesundheit hatte sich im Lauf des vergangenen Jahres drastisch verschlechtert. Mehrere Monate hatte ich um mein Leben gekämpft, ich hatte abgenommen und fühlte mich die meiste Zeit schwach. Albert war mein Rückhalt, mein Auffangnetz.

Mit Albert hatte ich die liebevollste und innigste Freundschaft meines Lebens. Wer kann erklären, warum große Freundschaften sich entwickeln oder warum Menschen sich ineinander verlieben? Ich weiß nicht genau, welche Rolle die Chemie, das Timing oder das Schicksal bei diesen Herzensangelegenheiten spielen. Ich bin mir sicher, dass Vertrauen, Respekt und gegenseitige Bewunderung in unserer Beziehung essenziell waren.

Unsere Beziehung war anders als alles, was ich bis dahin gekannt hatte, denn Albert war anders als alle Menschen, die ich je gekannt hatte. Er war extrem freundlich, ja sogar zu freundlich. Oft gab er anderen Geld und hatte dann selbst nicht genug fürs Essen oder für die Miete. Er arbeitete unentgeltlich in Aids-Hospizen, auch wenn es ihm dadurch sehr viel schwerer fiel, mit seiner eigenen Depression und seinen eigenen Zukunftsängsten fertig zu werden.

Albert stand vor dieser Welt wie vor einem Rätsel, und manchmal sah er aus wie ein von Scheinwerfern gebanntes Reh. Er sah sehr gut aus, so gut, dass Männer und Frauen ihm ständig Avancen machten. Einmal sagte er mir ganz ernst, große Schönheit wäre eine Last. Ich dachte, er könne das nur sarkastisch meinen. Ich bin nie eine große Schönheit gewesen und konnte mir nicht vorstellen, was diese Aussage bedeuten sollte. Später wurde mir klar, dass körperlich attraktive Menschen Interessenten oft abweisen müssen, und Albert fiel es extrem schwer, anderen wehzutun. Ich glaube, das spielte bei seinem Selbstmord eine Rolle.

Albert verwirklichte nie sein ganzes Potenzial. Er war ein ausgezeichneter Schauspieler und Fotograf. Er hatte sehr viel mehr Talent als viele andere, die reich und berühmt geworden sind. Er hatte ein enormes Gespür für Design und sehr viel Stil. Er konnte jeden Raum, den er betrat, zum Leuchten bringen, aber blieb dabei immer ruhig, subtil. Wir waren jahrelang eng befreundet. Es war eine merkwürdige Beziehung.

Wir waren beide in Miami groß geworden. Ich wuchs in Miami Beach auf und war der einzige Sohn einer jüdischen Familie, leider einer typisch dysfunktionalen Familie. Bis zu meiner Bar-Mizwa-Feier besuchte ich eine konservative hebräische Schule. Danach hatte ich weder religiösen Kontakt zur Synagoge noch irgendeinen Sinn für Spiritualität. Die strengen Regeln der jüdischen Religion zogen mich nicht an, und ich wurde zum Agnostiker.

Als ich heranwuchs, war meine größte Freude das Meer. Es war mein Zufluchtsort. Damals hatten die Umweltverschmutzung und Bagger das natürliche Ökosystem noch nicht zerstört. Unzählige Tage verbrachte ich dort allein, vertrieb mir die Zeit mit Sporttauchen und erkundete die Riffe.

Albert war der einzige Sohn eines kubanischen Arztes. Er lebte im Hialeah-Bezirk von Miami. Seine Erziehung war streng und katholisch. Wir kamen beide aus kleinen Familien; wir hatten beide eine Schwester. Zur Bestürzung unserer Eltern gaben wir beide unseren Familiennamen nicht weiter. Unsere Familien waren für den Umgang mit einem schwulen Kind nicht ausgerüstet – aber auf diese Erfahrung ist kaum eine Familie vorbereitet.

Alberts Ein und Alles war der Tanz. Unsere Welten begegneten sich 1977 auf der Tanzfläche von Uncle Charlie's Disco in Miami. Gloria Gaynor sang »I Will Survive«, und Albert übte seine Tanzbewegungen für einen Auftritt in der Fernsehshow *Dance Fever*. Das Einzige, was wir gemeinsam hatten, war, dass wir beide zu jung für diesen Klub waren, dass wir beide unsere Homosexualität nicht versteckten und dass wir eigentlich beide zu Hause über unseren Schulbüchern hocken sollten.

In den nächsten zwei Jahren unterhielten wir uns an den meisten Samstagabenden miteinander. Wir sprachen darüber, dass alle anderen im Klub älter und anders waren als wir. Wir sprachen über Musik und wir tanzten. Ich machte Albert Komplimente wegen seiner Tanzbewegungen und seiner Kleidung. Er machte mir Komplimente wegen meines Körperbaus. Es waren oberflächliche Unterhaltungen. Es waren die 70er-Jahre, und wir waren Teenager, zwei Kids in einer Erwachsenenwelt. Diese Zufallsbekanntschaft entwickelte sich nie zu sehr viel mehr. Ich verließ Miami, um aufs College zu gehen, und Albert beendete die High-School und ging nach New York City, um Model zu werden. Wir sahen uns ein paar Mal in New York, waren dann aber über zehn Jahre getrennt.

Ich machte meinen College-Abschluss und wurde dabei erwachsen. Ich eröffnete ein Geschäft, ein Fitness-Studio für Schwule in Atlanta. Nach ein paar erfolgreichen Jahren schlug die Aids-Epidemie zu, und ich erlebte mit, wie zahllose Kunden krank wurden und starben. Es waren so viele, dass ein blühendes Geschäft, das einmal Tausende von Kunden hatte, 1984 kurz vor dem Ruin stand. Viele der Kunden, die nicht mit Aids infiziert waren, bekannten sich nicht mehr zu ihrer Homosexualität. Andere schienen sich in ihre alten Bürgerhäuser zu verkriechen und riegelten sich ab, mit Hunden und Katzen als einzigem Trost. Die Schwulenszene in Atlanta schrumpfte.

Ich beschloss, meine Sachen zu packen und in sonnigere Gefilde aufzubrechen, und zog nach Los Angeles. Ich dachte, weil die Schwulenszene dort wesentlich größer war, wäre die Wirkung von Aids nicht so verheerend wie in Atlanta. Ich könnte weiter die Abenteuer des Lebens genießen und neue Bekanntschaften schließen.

Es ließ sich alles ganz gut an. Der Verkauf des Fitness-Studios in Atlanta hatte mir doch noch eine hübsche Summe eingebracht, und mein Bodybuilder-Körperbau garantierte mir einen angenehmen Empfang. Nach kurzer Zeit hatte ich einen neuen Partner namens Mark Simon und einen wunderbaren kleinen Kreis guter Freunde. Ich war produktiv, arbeitete hart und genoss den Sonnenschein. Dieses in gewisser Weise typisch hedonistische kalifornische Leben führte ich ein paar Jahre, was einem jüngeren Menschen wie eine lange Zeit vorkommt. Es war jedenfalls lange genug, um mich in wohligen Plänen für die Zukunft zu ergehen, die aber plötzlich heftig erschüttert wurden. An einem strahlenden, sonnigen Tag hatte ich leichte Atemschwierigkeiten, Halsschmerzen und kleine geschwollene Lymphknoten im Rachenbereich. Ein paar Tage lang ignorierte ich diese Symptome, aber dann bekam ich 40 Grad Fieber. Es zwang mich, einen Arzt aufzusuchen. Nach jahrelangem, vermeintlichem Safersex wurde bei mir eine Lungeninfektion diagnostiziert, die auf Aids zurückzuführen war.

Die nächsten paar Jahre ging ich in Krankenhäusern, Arztpraxen und Selbsthilfegruppen ein und aus und kämpfte um meine Gesundheit. Meistens war es nur so, als würde man Luft in einen löchrigen Schlauch füllen. Ich bemühte mich nach Kräften, meine Gesundheit, meine Beziehungen und meine Gedanken an die Zukunft aufrechtzuerhalten, aber es war nicht einfach. Ich bemühte mich, weiter zu funktionieren, aber mein Leben verlief in einem reduzierten Tempo. Immerhin, obwohl ein oder zwei Zylinder ausgefallen waren, ruckelte es noch einigermaßen effizient dahin. Ich trieb immer noch regelmäßig Sport und genoss die Gesellschaft meines kleinen Freundeskreises. Obwohl meine Gesundheit sich verschlechterte, war ich von 1984 bis 1992 ungewöhnlich glücklich. Nur ein guter Freund starb in dieser Zeit. Das Wort »Freund« hatte für mich inzwischen eine ganz besondere Bedeutung. Beziehungen haben viele Stufen oder Ebenen, und manche Leute, die wir Freunde nennen, stehen uns nicht so nah wie andere. Mehrere Menschen, die ich kannte, respektierte und bewunderte, waren todkrank.

Ein wirklich guter Freund, der in dieser Zeit starb, war Robert Cohen. Wir kannten uns schon lange und hatten viel Spaß zusammen. Ich erinnerte mich daran, dass ich Robert vor Jahren von meinem Garten in Atlanta erzählt und erwähnt hatte, wie schön er im Lauf der Jahre geworden war. Robert hatte gesagt: »Weißt du, Joel, Gärten brauchen Zeit.« Ich hatte ihm zugestimmt und gesagt: »Freundschaften auch.«

Dass die Zeit vergeht, kann etwas Wunderbares sein. Pflanzen wachsen und blühen, Freundschaften vertiefen sich, und Kummer verliert mit der Zeit seine Schärfe.

Irgendwie lernte ich, den Kummer und den Verlust der Menschen, die mir nicht so nahe standen, auszublenden. Es war meine Art zu überleben und funktionierte, bis ich eines Nachmittags auf der Suche nach einer Telefonnummer mein altes Adressbuch nahm und zu zählen anfing, wie viele Leute aus dem Buch tot waren. Ich hatte das Adressbuch mit Anmerkungen versehen, um mich an Besonderheiten der betreffenden Personen zu erinnern. An diesem Tag schrieb ich das Wort »tot« über 26 Namen. All diese Namen hatten eines gemeinsam. Sie hatten zu netten, liebenswerten Menschen gehört. An diesem Punkt wurde mir klar, dass meine Welt in Trümmern lag und ich einen modernen Holocaust erlebte. Mit meinem Glücksgefühl war es vorbei.

Die folgende Liste mit meinen persönlichen Anmerkungen möchte ich hier zum Andenken an die Verheerung aufführen, die damals über uns hereinbrach.

Vance Britenriker (1. 11. 63, Künstler)
Lee Brevard (Paris 79, Schmuck)
Billy Bernardo (Gratis-Postkarten)
Al Gamberg (Designs Macy's und Atlanta)
Jon Gould (Paramount/Warhol/Paris 15 Rue Cherche Midi)
Kenny Satcha (Sports Connection)
Phil Gunnison (Freund von Bruce Dizon)
Keith Haring (nur zu Hause anrufen/Sekretärin Julia Gruen)
Ernie Cruthers (Studio 1/Einladungen/VIP)
Greg Stewart (Pepperdine w/Kevin F./Bruder von Bruce)
Sheldon Andleson (Bank of L. A.)
Richard Garner (Steuerberater)
David Pollard (Anwalt/im Auto anrufen)
Eugene Reiman (mit Jim Brooker getroffen)
George Crowly (Stans Freund)
David Sholtis (Docs Freund/Freund von T. J. aus Atlanta)
John (von der Kevin Fowler Cheesecake Factory)
Patrick McGuire (Alberts Freund)
Arthur Promoff (Cliff/arbeitet für David Geffen)
Bruce Weintraub (Design L. A.)
Eric Fisher (Wayne)
Bill Miller (Athletic Club)
Dan Stone (Ein Kurs in Wundern)
Billy Jackson (Freund von Billy Bologna)
Doug Harrison (J. T.)
Lance Stugart (Haare)

Oft verlieren wir den Kontakt zu Menschen durch die Lebensumstände, aber wenn der Tod diese Entscheidung für uns trifft, ist das etwas ganz anderes. Als ich die obigen Namen las, brach ich weinend zusammen – und zog den Schluss, dass das Leben keinen Sinn hat.

1990 begegneten Albert und ich uns im Athletic Club in Los Angeles wieder. Der Club war damals irgendwie heruntergekommen. Vorher war er ein populäres Fitness-Studio gewesen. Jetzt war er voll von Aidspatienten, die versuchten, das, was ihnen von ihrem Körper geblieben war, in Form zu halten.

Ich war im Umkleideraum, als ich einen eleganten Mann dort erblickte. Wir erkannten uns nicht. Das war nicht besonders überraschend; viele Jahre waren vergangen. Albert hatte ein paar Schönheitsoperationen hinter sich, und ich war älter geworden und machte kein Bodybuilding mehr. Wir waren beide weit herumgekommen. Wir hatten ein hektisches Leben. Tausende von Namen und Gesichtern hatten seit Miami unseren Weg gekreuzt.

Jetzt standen wir da. Albert warf mir einen Blick zu. Ich warf ihm einen Blick zu. Nach all den Jahren fanden wir uns jetzt von neuem attraktiv. In den nächsten Wochen wechselten wir im Fitness-Studio gelegentlich ein Lächeln und ein höfliches Hallo, erkannten uns aber immer noch nicht von früher. Eines Tages war ich im Restaurant des Studios und aß nach einem Training zu Mittag, als Albert dazukam und fragte, ob er sich zu mir setzen könnte. Wir unterhielten uns ein paar Stunden und erkannten uns immer noch nicht. Die Unterhaltung floss mühelos dahin.

Nach einer Weile legte Albert seine Hand auf meinen Oberschenkel. Er drückte ihn und fragte, ob ich mit ihm nach Hause kommen wollte. Auf einer einfachen Gefühlsebene hätte es mir ganz gut gefallen, Sex mit ihm zu haben, aber ich hoffte auf eine wahre, große Liebe. Ich nahm seine Hand weg und lehnte höflich ab; ich sagte ihm, wir würden sicher gute Freunde werden.

Albert lächelte und zeigte kein sichtbares Zeichen von Enttäuschung. Das bestätigte meine Vermutung, dass ich nur eine von vielen Eroberungen gewesen wäre, wenn ich sein Angebot akzeptiert hätte. Ich hatte in den vorhergehenden Wochen im Fitness-Studio beobachtet, wie er andere genauso verführerisch anlächelte, und ich hatte beschlossen, mich nur auf eine platonische Freundschaft einzulassen. Diese Freundschaft übertraf schließlich alles, was ich je erwartet hätte. Sie wurde zu einer Beziehung, die mein ganzes Leben verändern sollte.

In den folgenden Tagen und Wochen bekamen unsere Gespräche schnell mehr Tiefgang. Wir sprachen über unsere Vergangenheit und wurden uns endlich bewusst, dass wir uns schon vor Jahren gekannt hatten. Das war eine intensive, erfreuliche Erkenntnis. Die Freude darüber, dass wir uns schon gekannt hatten, als wir so viel jünger waren, gab unserer Freundschaft neue Nahrung. Wir scherzten und erinnerten uns an unsere gemeinsame Geschichte; wir unterhielten uns jeden Tag.

Nach einer Weile sagte ich zu Albert ein paar kleine Sätze, die unsere Beziehung vollkommen veränderten. Die Worte brachten Albert dazu, mir zu vertrauen und mich zu lieben. Dieses Vertrauen wurde zu dem Band, das die Schweigemauer des Todes überwand.

Wir saßen im Restaurant des Fitness-Studios, und ich sagte ihm das, was eine meiner einsichtsvollsten Freundinnen, Sharon Shaw, früher einmal zu mir gesagt hatte. Ich sagte:

»Albert, ich möchte, dass du etwas weißt. Es ist wichtig, denn du bist jetzt einer meiner besten Freunde. Ich mag dich, und du bist mir sehr wichtig. Ich bin nicht jemand, der über andere urteilt. Bitte schäm dich also bei mir nie für irgendetwas, das du je getan hast. Ich werde nie über dich urteilen. Egal was es ist, ich werde immer dein Freund sein.«

Er sah mich an; in seinen Augen schimmerte eine Träne, und er fragte mich ungläubig, ob ich das ernst meinte, was ich gerade gesagt hatte. Ich sagte Ja. Da wurde die Träne plötzlich zu einem Sturzbach, und er weinte und weinte und erzählte mir all seine Geheimnisse, all das, wofür er sich schämte. Er teilte Gefühle mit, die er jahrelang in sich verschlossen hatte.

Ich führte ihn nach draußen, und wir gingen ein paar Häuserblocks weit und setzten uns in den Schatten eines alten Feigenbaumes. Er schüttete mir sein Herz aus und legte seine Seele bloß. Er erzählte mir, dass er HIV-positiv sei. Er erzählte mir von seiner Zeit als Strichjunge und von seinen Schönheitsoperationen. Während er sprach, war seine Körperhaltung defensiv – er saß da, als wollte er weglaufen oder als würde er erwarten, bestraft zu werden. Aber nichts von dem, was er mir eröffnete, schmerzte oder schockierte mich. Schließlich lebte auch ich mit Aids. Auch ich hatte mich als Teenager zweimal prostituiert, und ganz bestimmt war Eitelkeit mir nicht fremd.

Als er fertig war, sagte ich: »Ist das alles? Ich dachte, jetzt käme etwas wirklich Schreckliches, etwa dass du jemanden umgebracht hast.«

Er lächelte leise und bat mich geradeheraus, ihn nie zu verlassen. Ich sagte ihm, wir wären Freunde fürs Leben. Wir umarmten uns und er war wieder fröhlich. Unsere Freundschaft und unsere Liebe hatten Wurzeln gefunden.

Auch Albert kannte die Leere, die seine an Aids gestorbenen Freunde hinterlassen hatten. Er wusste, wie wichtig es war, was wir füreinander empfanden. Er brauchte mich genauso sehr wie ich ihn. In einer Zeit, in der es so viele Verluste, so viel Verzweiflung gab, fanden wir schnell zueinander. Die Verbindung aus der Kindheit und Alberts Vertrauen in mich festigten unsere Beziehung. Es war etwas Besonderes, Erinnerungen gemeinsam zu haben, die über zehn Jahre alt waren. Damals kamen zehn Jahre mir sehr viel länger vor als heute. Ich war begeistert, jemanden zu haben, der meine jugendlichen Schwierigkeiten miterlebt hatte, jetzt zu mir zurückgekommen war und ebenfalls vor den Schwierigkeiten stand, die ein Leben mit Aids mit sich bringt.

Es ist faszinierend, dass ein einziges Gespräch, ein einziges Ereignis der Funke sein kann, der eine tiefe Beziehung in Gang setzt. Von dem Tag an sahen wir uns täglich. Schließlich verstanden wir uns ohne Worte. Im Lauf der gemeinsam verbrachten Jahre wurde unsere Beziehung immer enger, immer sonderbarer. Die Leute sagten manchmal, es sei, als wären wir eine Seele in zwei Körpern.

In dieser Phase bekamen all meine Freundschaften für mich mehr Bedeutung. Ich hatte damals vier enge Freunde: Albert, Mark Simon, Tony Hamilton und Kelly Cole. Das Leben war anders als vor Aids. Ich spürte Veränderungen in meinem Körper, emotionale und physische. Das Drehbuch hatte sich geändert und genauso das Lebensgefühl. Einerseits war das Leben schwieriger; andererseits schien jeder Tag reicher zu sein. Zeit war kostbarer. Bis zu einem gewissen Grad hatte ich mich dem Lauf des Flusses angepasst. Ich segelte in ruhigen Gewässern dahin, die Freunde im Schlepp. Wir fünf hatten genug Energie, um zusammen ins Kino oder ins Theater zu gehen. Wir hatten sogar Zeit, über Politik und das Einsammeln von Spenden zu reden. Es war schön, solche Freunde zu haben, Wir hatten alle mit Aids zu tun. Wir waren eine Familie.

Damals kochte ich gerne, und ein- oder zweimal in der Woche kamen wir fünf bei mir zusammen. Nach dem Abendessen spielten wir Karten. Aber es war nicht das Essen oder das Kartenspiel, das uns zusammenbrachte. Es war das Zusammensein, das wir genossen. Wir waren zu einer improvisierten Selbsthilfegruppe geworden. Wir verbrachten mehr Zeit mit dem Reden als damit, auf das Spiel zu achten. Unterbrechungen waren häufig, und manchmal vergaßen wir das Spiel ganz und vertieften uns in Gespräche über das Leben, die Kunst, die Politik und die Liebe. An den meisten Abenden lachten und scherzten wir. Irgendwie gelang es uns, Aids zu vergessen.

Es war immer Albert, der die Gespräche auf das Spirituelle hinlenkte. Er war der Ernsteste von uns. Wir nahmen an, dass seine Fragen etwas mit seiner katholischen Erziehung zu tun hatten. Sobald das Thema aufkam, zögerte niemand, seine Meinung zu sagen. Es war normal, dass wir über den Tod sprachen und über ein Leben nach dem Tod nachdachten. Trotzdem war Spirituelles für uns alle fünf eine abstrakte Idee. Wir waren alle Skeptiker, jeder auf seine Art. Albert glaubte noch am ehesten an die Möglichkeit eines Lebens nach dem Tod. Ich schloss die Möglichkeit nicht aus, hatte aber natürlich keinen Beweis für sie. Und in Anbetracht meiner Situation brauchte ich einen Beweis.

Eines Abends schlug Albert vor, dass wir einen Schwur leisten sollten, die anderen aus dem Jenseits zu kontaktieren. Seine Augen funkelten vor Aufregung. Tony schien die Idee gutzuheißen, aber Mark und Kelly behandelten unser »verrücktes Projekt« eher verächtlich und nahmen es nicht ernst. Der Gedanke war ihnen zu fremd. Ich nahm ihn vielleicht nur deshalb ein bisschen ernster, weil ich Albert liebte und bewunderte. Innerhalb der Gruppe sprachen wir nie wieder über die Idee.

Monate nach Alberts Freitod fragte ich die anderen drei, ob sie sich an den Schwur erinnerten. Kelly und Mark erinnerten sich noch nicht einmal an das Gespräch, und Tony erinnerte sich nur vage an unser Versprechen. Er lachte und machte einen Witz darüber. Wenn ich mit Albert reden würde, sagte er, sollte ich ihn nach den 500 Dollar fragen, die er Albert geliehen hatte. Tonys Witze waren immer ein bisschen morbid.

Tony und ich hatten uns Silvester 1976 kennen gelernt und wir waren seitdem befreundet. Als wir uns das erste Mal begegneten, arbeitete er in New York City als Model. Er stand wegen seines guten Aussehens immer im Mittelpunkt und war als Model sehr erfolgreich, bevor er Schauspieler wurde. Ich hatte unsere Freundschaft nie ganz verstanden. In vielerlei Hinsicht waren wir gegensätzlich. Wie Albert hatte Tony keinerlei Sinn fürs Praktische. Vielleicht gab diese Verletzlichkeit den Ausschlag für unsere Freundschaft. Ungeachtet aller Unterschiede stimmte die Chemie zwischen uns vom ersten Tag an.

Kelly war der Sohn von Nat King Cole. Er trat später in mein Leben, Anfang der 80er-Jahre, als er sich mit Tony anfreundete. Kelly war ein brillanter junger Mensch, aber ziemlich kaputt. Er war mir sofort unsympathisch. Er war ein Snob. Ich glaube, dass er nur wegen meiner engen Freundschaft zu Tony eine Beziehung zu mir hatte. Das dachte ich zumindest am Anfang. Sein Vater war gestorben, als er noch sehr jung war, und ich nahm an, dass er deshalb so kaputt war.

Erst Jahre später erfuhr ich die Geschichte seiner Kindheit. Kelly war adoptiert worden. Kelly meinte, es sei Nats Idee gewesen. Als Nat King Cole starb, wurde Kelly zu einer unerwünschten Last. Jahre später erzählte Kelly mir, dass seine Schwester und seine Mutter ihm das Geld für eine von der Krankenversicherung nicht bezahlte Krebsbehandlung verweigert hatten. Diese Geschichte machte mir schließlich Kellys Schmerz verständlich, aber als wir uns kennen lernten, konnte ich das nicht wissen. Mit seiner Arroganz überdeckte Kelly seine Verletztheit.

Die Beziehung zwischen Kelly und Tony endete, und erst 1986 begegnete ich Kelly wieder. Er hatte sich verändert – zum Besseren. Er war HIV-positiv, und das hatte ihn bescheidener und weicher gemacht. Er kam sehr gut mit seiner Erkrankung zurecht – ich wünschte, mehr Menschen würden mit Leid und Verlust so fertig. Er war offener und einfühlsamer. Bei manchen Leuten hat Leid diese Wirkung; andere werden bitter. Ich begegnete Kelly zufällig in Santa Monica, und er lud mich zum Kaffee ein. Wir ergingen uns in Erinnerungen, und er eröffnete mir, dass er finanzielle Probleme hatte. Ich war bereit, ihm ein bisschen Geld zu leihen, und entgegen dem alten Sprichwort brachte uns das näher zusammen. Für den Rest seines Lebens waren Kelly und ich bessere Freunde. Er vervollständigte unsere kleine Familie.

In den sechs Monaten vor dem 1. Juni 1994 erlebten Albert und ich mit, wie es mit der Gesundheit von Tony, Mark und Kelly bergab ging. Wir mussten befürchten, darin unseren eigenen Weg vorgezeichnet zu sehen. Es ging ihnen nicht gut; die meiste Zeit waren sie im Krankenhaus. Sie glichen eher

Auschwitz-Überlebenden als den gut aussehenden, netten, liebenswürdigen Menschen, die sie ein Jahr früher gewesen waren. Aber zusammen ließen wir uns nicht unterkriegen und schauten nach vorne.

Mark Simon war meine erste wahre Liebe gewesen. Wir hatten uns im *Studio One*, einem Nachtklub in Los Angeles, kennen gelernt. Ein gemeinsamer Freund stellte ihn mir vor. Er hatte absolut kein Interesse an mir. Später fand ich heraus, dass er Aerobics unterrichtete, und ging wochenlang in seine Kurse, bevor er schließlich einwilligte, mit mir zum Mittagessen zu gehen. Nachdem wir uns ein paar Mal getroffen hatten, kam unsere Beziehung in Gang.

Marks Gesundheit verschlechterte sich schneller als die der anderen in unserer kleinen Gruppe. Es schien, als hätte er jede immunschwächebedingte Infektion, die man sich vorstellen kann. Sieben Jahre lang hatte er null T-Zellen. Noch nicht einmal seine Ärzte verstanden, warum er noch am Leben war. Ich bin sicher, dass es an seinem starken Lebenswillen und an seiner enormen Fähigkeit lag, Dinge zu verdrängen. Mark hatte nie geglaubt, dass er überhaupt jemals sterben würde. Er schien zu denken, Aids sei eine Erkältung, die er überstehen würde. Sogar als es auf das Ende zuging, sagte er noch: »Ich bin bald über den Berg. Ich liege jetzt schon fast ein Jahr im Bett. Ich habe viel Zeit nachzuholen. Ich bin zu jung dafür.« Er meinte das vollkommen ernst, und eine Zeit lang hat er sogar Recht behalten.

Mark war der Jüngste in unserer Gruppe, und sein körperlicher Verfall machte uns am schwersten zu schaffen. Er hatte so viel Lebensfreude, so viel Liebe zum Leben. Bis zum letzten Atemzug schmiedete er Pläne für die Zukunft. Albert und ich besuchten ihn oft im Krankenhaus. Jedes Mal waren wir sicher, dass er sterben würde. Jedes Mal hätte er der Statistik zufolge sterben müssen. Zu unserer Verwunderung erholte er sich immer wieder, aber nur, um weiter zu leiden. Wir waren seit 1985 intim befreundet. Er starb 1995, nach Albert und Tony, und wie sie war er zu jung zum Sterben.

Mark war für uns alle ein ermutigendes Beispiel. Seine Fähigkeit, auch in den dunkelsten Augenblicken die Hoffnung nicht aufzugeben, hielt ihn gegen alle ärztliche Vernunft jahrelang am Leben. Leider nicht lange genug – wenn die neuen Medikamente Monate früher erhältlich gewesen wären, hätte Mark Aids wahrscheinlich überlebt.

Als Tony 1995 starb, ging es Kelly und mir ziemlich schlecht. Im Gegensatz zu Mark hatte Tony sich selbst aufgegeben. Er hatte durch die Fernsehserie *Mission Impossible* ein bisschen Geld verdient und außerdem ein paar andere kleine Einkünfte aus Tantiemen. Aber er hatte seine Schauspielerkarriere auf sein hartes, männliches, gutes Aussehen aufgebaut, und als es mit seiner Energie und seinem Aussehen bergab ging, konnte er nicht mehr arbeiten. Seine Schauspielerei war alles für ihn gewesen.

Sein ganzes Leben lang hatte Tony mehr Geld ausgegeben, als er verdiente. Jetzt war er pleite. Als er im Krankenhaus war, übernahm die Bank seine Eigentumswohnung. Er hatte keine Hoffnung mehr, und Anfang 1994 wollte er einfach nur noch sterben. Im Lauf des Jahres wurde er immer kränker, bis er schließlich tatsächlich starb. Ich bin überzeugt, dass ein stärkerer Lebenswille Tony gerettet hätte.

Bevor Albert starb, versuchten er und ich oft, Tonys Stimmung zu verbessern. Wir versuchten, ihn dazu zu bringen, um sein Leben zu kämpfen. Wir gingen oft mit ihm aus, machten ihm etwas vor und sagten, er sähe sehr gut aus. Aber 1994 waren all unsere Bemühungen vergebens. Tony hatte den Willen aufgegeben, gegen Aids anzukämpfen.

Gegen Ende seines Lebens gab er mir ein Foto von sich, das er wie folgt signierte: »Für einen mutigen Helden. In Liebe, Tony.« Ich fragte ihn, was er damit meinte, und er sagte: »Weißt du, Joel, ich bin einfach nicht so ein Held wie du. Aids ist ein Krieg wie jeder andere Krieg – es gibt Opfer und Helden.«

Er sagte, ich hätte ihm Mut gemacht, weil ich weiterkämpfte, als die Schlacht in vollem Gange war. Ich habe mich nie als Held gefühlt, aber ich schätze dieses Kompliment sehr.

1995 zeigte Kelly Anzeichen von Demenz, und es fiel mir schwer, mit ihm zusammen zu sein. Ich kämpfte um meine eigene Gesundheit und war wegen Alberts Selbstmord noch ziemlich fertig. Wir trafen uns ein- oder zweimal im Monat, um einen Kaffee zu trinken. Er war oft in seiner eigenen Traumwelt. Die Zeit mit ihm war anstrengend.

Manchmal denke ich, dass Kelly von den vieren vielleicht der Glücklichste war, weil ihm nie ganz klar wurde, was um ihn herum los war. Er erzählte mir oft, er wäre gerade mit Tony, Mark oder Albert zusammen, und beschrieb ihre imaginären Besuche in allen Einzelheiten. Und jedes Mal machte er mir Vorwürfe, weil ich mich ihnen nicht angeschlossen hatte.

Bei einer meiner letzten Begegnungen mit Kelly erschien er in voller Reitermontur. Er trug Gucci-Reitstiefel, einen Hut und eine kurze Reitpeitsche. Er erzählte mir, er hätte gerade gegen das Team von Prinz Charles Polo gespielt. Er war ziemlich deprimiert.

»Wo warst du?«, fragte er. »Unsere Mannschaft hat verloren. Mark und Tony haben mich angefeuert. Wenn du da gewesen wärst und uns unterstützt hättest, hätten wir vielleicht gewonnen.« Ich fand keine Worte mehr. Früher hatte ich vergeblich versucht, ihn in die Realität zurückzuholen. Schließlich stotterte ich eine Entschuldigung.

Kelly war der Letzte aus unserer Gruppe, der in mein Leben trat, und der Letzte, der es verließ. Als er 1996 starb, schrieb ich das Wort »tot« über vier weitere Namen.

3. Kapitel

Unser Versprechen, ein Signal zu geben

Zum Glück hatte ich Albert an meiner Seite, solange er da war. Wir brauchten einander.

Jeden Morgen weckte Albert mich mit einem liebevollen Telefonanruf, und jeden Abend wünschte ich ihm telefonisch eine Gute Nacht. Fast jeden Tag unternahmen wir etwas zusammen, zum Beispiel zu Mittag essen, zu Abend essen, ins Kino gehen oder Sport treiben. Egal was wir machten, wir hatten Spaß. Zusammen konnten wir Aids vergessen. Wir lachten zusammen und lächelten uns verständnisvoll zu, wie als Teenager in den Siebzigern.

Es war seltsam – auch an Tagen, an denen wir nicht verabredet waren, begegneten wir uns zufällig zu ungewöhnlichen Zeiten und an ungewöhnlichen Orten. Es wurde zu einem regelmäßigen Ereignis – und Los Angeles ist ziemlich groß, und Albert und ich wohnten in entgegengesetzten Teilen der Stadt. In Alberts letztem Jahr passierte es oft – manchmal dreimal pro Woche. Ich verstehe immer noch nicht, wie oder warum es so oft passierte. Als er noch am Leben war, machte ich mir keine Gedanken darüber, ich freute mich nur über diese überraschenden Begegnungen. Sie waren immer angenehme Unterbrechungen des Tagesablaufs.

Einmal, als wir uns zufällig begegneten, beschlossen wir,

ins nächstbeste Restaurant zu gehen und einen Salat zu essen. Zwei jüngere Homosexuelle waren im Restaurant, beide offenbar sehr krank. Bei dem einen zeigten sich überall die Auswirkungen eines Kaposi-Sarkoms, der andere konnte kaum gehen. Keiner von ihnen wog über 50 Kilo. Ich war betroffener als Albert. Meine Stimmung sackte in den Keller, und ich fragte ihn, ob das auch unsere Zukunft wäre. Zum ersten Mal erlebte ich bei Albert eine ganz ungewohnte Kompromisslosigkeit. Er wandte sich mir zu und meinte trotzig: »Das ist ihr Weg, nicht unserer.« Ich war beruhigt. Meine Stimmung besserte sich, und die Unterhaltung nahm eine andere Richtung.

Diese Einstellung wurde zu unserem Glaubensbekenntnis. Jedes Mal, wenn in einem von uns Zweifel oder Angst aufkamen, ob wir Aids überleben würden, sagte der andere: »Das ist nicht unser Weg.« Diese einfache Redewendung wurde zu einer enormen Quelle der Kraft, und wir bestärkten uns gegenseitig in dieser Überzeugung.

Dann bekam ich eine virale Innenohrinfektion. Ich hatte ziemliche Schmerzen, verzichtete aber auf Schmerzmittel, weil ich nur solche Medikamente nehmen wollte, die die Krankheit bekämpften, nicht die Symptome. Meine gute Freundin Sharon schlug vor, ich solle es mit Biofeedback oder Autosuggestion versuchen. Ich bezweifelte, dass das wirken würde, war aber ziemlich deprimiert und konsultierte einen bekannten Hypnosetherapeut, Dr. Melvin Cohen. Die eine Sitzung, die ich bei ihm hatte, hatte ein paar wichtige Ergebnisse. Dr. Cohens Weisheit war wertvoller als die Hypnose an sich.

Erstens lernte ich eine Lektion über Vergebung. Ich verstand ganz neu, was Vergebung bedeutet. Vergebung war für mich immer die Fähigkeit gewesen, über die unmittelbare

Wut oder Verletzung hinauszugehen, die Gründe für die Handlungen des anderen zu finden und dann loszulassen. Dr. Cohen gab der Sache eine andere Wendung. Er sagte, Vergebung sei ein bewusster Akt, den wir für uns selbst tun und nicht für irgendjemand anderen. Wenn uns Unrecht angetan wird oder wir verletzt werden, haben wir nur zwei Möglichkeiten: Wir können entweder bei den schlechten Gefühlen bleiben und sie in uns festhalten, wo sie gären und Krankheiten verursachen, oder wir können die bewusste Entscheidung treffen, sie um unserer selbst willen loszulassen. Das Loslassen lässt den Zorn und die Verletzung vergehen, zu unserem eigenen Nutzen.

Das Zweite, was ich von Dr. Cohen lernte, betraf das Wesen der Krankheit. Er überzeugte mich, dass keine Krankheit in der Geschichte der Menschheit zu 100 Prozent tödlich ist. Manche Krankheiten können zu 99 Prozent tödlich sein, aber keine ist es zu 100 Prozent. Die wenigen Menschen, die solche Krankheiten überlebt haben, haben das durch ihre geistige und seelische Kraft geschafft, durch ihren Lebenswillen und durch die konzentrierte Anstrengung, alle negativen Gedanken abzustellen.

Die Hypnosesitzung wurde zu einer bewussten Bemühung, mit der Selbstsabotage aufzuhören. Ich schaltete ab, entspannte mich und machte mir meine eigenen negativen Selbstgespräche bewusst. Wir alle führen solche Gespräche in unterschiedlichem Ausmaß. Ich begann, sorgfältig auf die negativen Botschaften zu achten, die ich mir selbst gab. Langsam und allmählich fing ich an, sie mir abzugewöhnen. Ich sah sie nun als einen Feind, dessen Beherbergung ich mir nicht leisten konnte.

Ausgerüstet mit diesen beiden Einsichten, wuchs in mir der Entschluss, Aids zu überleben. Ich wollte zu dem kleinen

Prozentsatz der Menschen gehören, die überleben. Ich versuchte, das, was ich in der Hypnosesitzung gelernt hatte, Albert zu vermitteln.

Ein neuer Aspekt unserer Freundschaft tauchte auf. Zusammen suchten wir den Sinn unseres Lebens, und Fragen über das Jenseits kamen auf. Wir fingen beide an, unentgeltlich in Aidshospizen zu arbeiten. Irgendwie ließ die Hilfe für andere uns unsere eigene Not vergessen. Diese Zeit unseres Lebens war für uns beide wichtig. Wir prüften, welche Vorstellungen, Befürchtungen und Hoffnungen wir in Bezug auf das Sterben hatten. Wir lasen viele Bücher, zum Beispiel *Die Liebe kennt keine Zeit* von Dr. Brian Weiss, *Das Leben nach dem Leben* von Dr. Raymond Moody, *Der Mensch vor der Frage nach dem Sinn* von Dr. Viktor Frankl und das *Tibetanische Totenbuch*.

Wir stellten fest, dass es zwischen einigen dieser Schriften bestimmte Ähnlichkeiten gab, und diese Ähnlichkeiten betrafen eine Wahrheit, die wir in unserem Innersten fühlten und an die wir als Kinder geglaubt hatten: Es gibt ein Leben, wenn dieses Leben zu Ende ist, und auf geheimnisvolle Weise sind wir alle miteinander verbunden.

Spiritualität war für uns beide immer noch eine abstrakte Vorstellung, aber damals wurden wir zu hoffnungsvollen Skeptikern. Wir hofften auf die Möglichkeit eines Lebens nach dem Tod. Wir hofften, dass es manchen Seelen bestimmt ist, sich wieder zu begegnen. Trotzdem hatten wir beide nicht das Gefühl, dass unsere vergangenen Leben, wenn sie denn existierten, für das Leben jetzt relevant waren oder dass es wichtig wäre, dass wir sie kannten. Wir spekulierten allerdings darüber, dass wir früher zusammen gewesen waren, wenn es so etwas wie Reinkarnation gab. Unsere Beziehung war zu intensiv, zu stark, um innerhalb der Grenzen eines einzigen Lebens verstanden werden zu können. Unsere Wege begegneten sich immer wieder, als würde das Schicksal uns zusammenführen. Viel Zeit sollte vergehen, bevor ich das richtig verstand.

Als wir als Gruppe uns versprachen, nach dem Tod Verbindung zueinander aufzunehmen, war es fast ein Spaß. Aber Albert und ich sprachen später noch mehrmals darüber und vereinbarten, dass wir es wirklich versuchen würden. Wir schworen, wir würden versuchen, dem anderen ein Zeichen zu geben, damit er die Gewissheit hätte, dass es ein Leben nach dem Tod gab. Wir wollten beide glauben, dass es jenseits dieser Welt und ihres Leids noch etwas anderes gab.

Albert war von diesem Schwur ganz begeistert. Sein Glaube an ein Leben nach dem Tod war stärker als meiner. Er sprach das Thema oft an und las mehr darüber als ich. Er beschäftigte sich noch mit ihm, als ich die Sache schon lange ruhen ließ. Auch wenn die anderen die Verpflichtung vergessen hatten – Albert und ich wollten sie einhalten.

Ich hatte mir eine einfache spirituelle Weltanschauung zurechtgelegt. Sie lässt sich am besten durch die folgende Geschichte beschreiben:

Eines Sonntags sahen wir uns eine Fernsehdiskussion zwischen einem bekannten Rabbi und einem Kardinal an; es ging um die Unterschiede zwischen Christentum und Judentum. Der Rabbi beendete seine Ausführungen mit den Worten: »Es ist ganz einfach. Zweitausend Jahre lang haben die Christen geglaubt, dass die Menschheit im Grunde schlecht ist, dass alle Menschen die Erbsünde mitbekommen haben und Gott ständig um Vergebung bitten müssen. Die Juden dagegen haben viertausend Jahre lang zu dem Glauben tendiert, dass die Menschheit im Grunde gut ist. Natürlich machen wir Fehler und sollten in diesem Fall Gott um Vergebung bitten.«

Albert und ich unterhielten uns darüber und kamen zu dem Schluss, dass Gott in beiden Religionen etwas Äußeres war – eine riesenhafte, allmächtige und distanzierte Gestalt –, während wir zu der Überzeugung gekommen waren, dass Gott in uns allen ist. Gott ist überall, und deshalb sind wir alle ein Teil Gottes. Es ist, als wären wir unendlich winzige Sandkörner an einem riesigen Strand, und dieser Strand ist Gott. Und jeder Einzelne von uns hat die Verantwortung, sein Sandkorn so zu polieren, dass der Strand ein einziges Strahlen ist.

Albert und ich unterhielten uns noch monatelang über ein Leben nach dem Tod. Es war immer spätabends, und es war immer Albert, der das Thema anschnitt.

Als es auf 1994 zuging, verschlechterte sich meine Gesundheit, und ich näherte mich dem Tiefpunkt. Ich hatte Angst, ich würde bald sterben. Ich traf auf die übliche Weise Vorsorge für den Fall meines Todes. Ich machte ein Testament mit einer Vollmacht für medizinische Versorgungsleistungen, und ich machte Pläne für meine Beerdigung. Das Leiden um uns herum besiegelte unseren Vertrag.

Ich hatte vor, mein Versprechen zu halten. Wenn es irgend möglich war, würde ich Albert ein Zeichen geben. Ich liebte ihn auf so vielerlei Weise. Ich hoffte, Gott würde mir erlauben, ein paar Lichter flackern zu lassen, oder etwas Ähnliches. Für manche Leute mag das vielleicht wie ein Gesellschaftsspiel oder ein Seancenspektakel aussehen, aber ich wusste, dass Albert es richtig auffassen würde. Er war für mich so etwas wie ein jüngerer Bruder geworden. Ich hoffte inständigst, ihm ein bisschen Hoffnung vermitteln zu können, wenn ich hinübergehen würde.

4. Kapitel

Die erste Verbindung

(2. Juni 1994)

Alberts Freitod löste eine Flut schmerzlicher Erinnerungen aus. Jeder Verlust, der mir im Leben widerfahren war, kam wieder hoch. Ich dachte ernsthaft an Selbstmord. Vieles in mir sprach dafür; es schien die perfekte Lösung zu sein. Vielleicht würde ich sogar Albert wieder sehen. Ich hatte das entsprechende Medikament zu Hause. Wir hatten es uns zusammen in Mexiko besorgt. Welchen Sinn hatte es, meinen Kampf fortzusetzen? Die Prognose für Leute mit Aids war schlecht. Tony, Kelly und Mark würden bald tot sein. Ich fühlte mich schwach, und der Mensch, bei dem ich Stärke gesucht hatte, war weg. Ich fühlte nur noch Schmerz und Wut. Ich konnte es nicht glauben, dass der verdammte Hund es tatsächlich getan hatte.

Ich hatte andere Freunde verloren, aber dieser Fall ließ sich damit nicht vergleichen. Mein bester Freund war gegangen, freiwillig, unerwartet. Ich hatte noch so viele unbeantwortete Fragen.

An diesem Tag im Juni legte eine Wolke sich über mich. Es sollte Monate dauern, bis sie sich auflöste. An diesem ersten Abend glaubte ich nicht, dass sie sich überhaupt je auflösen würde. Ich war völlig verzweifelt.

Ich verließ Alberts Wohnung und hielt seinen Zettel fest

umklammert; ein Freund fuhr mich nach Hause. Die Wohnung war für mich immer ein freundlicher Zufluchtsort gewesen. Sie war voll von geliebten Objekten, Bildern und Erinnerungen. Ich wanderte in der Wohnung herum – stundenlang, wie mir schien. Zum ersten Mal fühlte ich mich inmitten dieser Erinnerungen verloren. Zu der Zeit, in der ich Albert am meisten brauchte, hatte er mich verlassen. Er war der Einzige, der mir Hilfe und Trost geben konnte. Jetzt war mein bester Freund nicht mehr da, obwohl ich ihn so sehr brauchte. Ich weinte und ging auf und ab. Ich hatte den ganzen Tag nichts gegessen. Schließlich übermannte mich die Erschöpfung, und ich sank aufs Bett.

Ich tat einen tiefen Atemzug, und dann noch ein paar. Ich war unruhig und konnte nicht schlafen. Ich starrte die Decke an; mir war kalt, und ich war einsam.

Etwa um ein Uhr morgens fühlte ich ein Frösteln. Es war eine heiße kalifornische Nacht, und plötzlich war mir eiskalt. Ich spürte, dass Albert in der Nähe war, und aus irgendeinem Grund versetzte mich das in Panik. Ich griff nach dem Telefonhörer neben dem Bett und rief Sharon an. Ich weckte sie aus tiefem Schlaf. Ich zitterte am ganzen Körper.

Ich sagte: »Sharon, ich glaube, Albert kommt und besucht mich.« Sie merkte gleich, dass ich zutiefst erschrocken war.

»Du brauchst keine Angst zu haben«, sagte sie. »Albert hat dich geliebt, und er würde dir nie wehtun.«

Ihre Worte waren genau das, was ich brauchte. Diese wenigen Worte machten mir Mut. Ich war sofort ruhig. Ich dankte ihr, wünschte ihr eine Gute Nacht und legte den Hörer auf.

Es war noch nicht eine Sekunde vergangen, als ich eine warme Hitzewelle spürte, und wieder spürte ich Alberts Gegenwart. Ich konnte keinen Muskel bewegen, noch nicht einmal blinzeln, und doch war ich ruhig und entspannt. Ich spürte keinen körperlichen oder seelischen Schmerz, als er da war. Für die nächsten Augenblicke verflog meine gesamte Traurigkeit.

Es gibt eine klare Grenze zwischen bewussten und unterbewussten Gedanken. Jetzt war ich ganz eindeutig bewusst und wach. Ich war nicht in dem traumähnlichen Zustand, in den man vor dem Einschlafen abdriftet. Wie Jodie Foster in dem Film *Contact* habe ich keinen anderen Beweis als meine Erfahrung. Ich hatte nie wirklich damit gerechnet, dass Albert Verbindung zu mir aufnehmen würde. Vor seinem Tod war Spiritualität für mich eine abstrakte Idee gewesen, aber um 2 Uhr morgens am 2. Juni 1994 machte ich eine konkrete spirituelle Erfahrung.

Ein durchscheinendes Licht erschien über meinem Bett. Es war ein schwaches Licht, wie ein Schleier. Es sah aus wie der Rauch, der von einer brennenden Kerze aufsteigt. Mein Zimmer war vollkommen dunkel. Ich hatte die Rollläden heruntergelassen und kein Licht an. Das nebelartige Licht schwebte über mir, und wieder konnte ich Alberts Worte spüren; ich hörte sie nicht, aber ich spürte sie ganz klar. Sie waren laut und deutlich. Er begann mit einer Frage.

Du weißt, dass ich es bin, oder?

Ich konnte nicht antworten, ich war unfähig, mich zu bewegen. Trotzdem fühlte ich mich so wohl wie ein schlafendes Baby. Ich hatte das Gefühl, umarmt zu werden. Jeder Schmerz war weg. Ich war wieder mit Albert zusammen. Einen Augenblick später war ich in der Lage, eine Hand zu heben und dem Licht ein Ja zuzuwinken. Es war ein Zeichen, das ich als ganz kleines Kind verwendet hatte; ich rollte die Finger zur Handfläche hin ein.

Gut, dies ist für dich, nicht für mich. Du brauchst das, was ich dir geben werde. Es ist das Äußerste, was ich dir geben kann. Mehr würdest du nicht verkraften. Du würdest implodieren, wenn du wüsstest, was ich jetzt weiß.

Seine Gedanken und Worte, seine Botschaft, strömten in mich hinein. Jedes Wort fühlte sich anders an. Diese Art der Kommunikation war ganz anders als alles, was ich je erlebt oder mir vorgestellt hatte. Es ist schwer mit Worten zu beschreiben, wie es sich anfühlte. Ich starrte verwundert auf das Licht. Ich konnte durch es hindurchsehen. Es glich eher einem Nebel als einem Licht. Fasziniert und unfähig, mich zu bewegen, hörte ich zu. Albert fuhr fort.

Du brauchst, was ich dir jetzt geben werde. Es ist weniger als ein Bruchteil dessen, was ich jetzt weiß. Es ist ein winziges Molekül, weniger als ein Stäubchen von dort, wo ich bin. Aber es wird dich für den Rest deines Lebens tragen. Du wirst es verstehen, weil wir uns lieben, uns vertrauen und uns kennen. Ich muss mich kurz fassen, ich habe nicht viel Zeit.

Ich bewegte mich immer noch nicht; durch das Leuchten über meinem Bett war ich wie gelähmt. Ich spürte, dass Albert nicht allein war, dass andere bei ihm waren, ihn leiteten und dass diese Zeit zwischen den Welten ihm irgendwie gewährt worden war. Seine Botschaft wurde deutlicher und noch intensiver. Ich fühlte mich sicher und entspannt. Das schwache Licht war real. Es war anders als alles, was ich je gekannt, gesehen oder mir vorgestellt hatte. Es war ein Geschenk, das ich jetzt ehrfürchtig weitergebe.

Durch meinen Selbstmord wirst du mehr verstehen. Als ich noch am Leben war, dachte ich, das Leben würde sich nur lohnen, wenn die Dinge gut laufen. Wenn ich gesund war, Geld hatte und mit meinem Liebesleben alles in Ordnung war, hatte das Leben einen Sinn. Es lohnte sich, wenn alles so lief, wie ich es mir vorgestellt hatte. Ich weiß jetzt, dass es anders ist.
Joel, du darfst dir nicht das Leben nehmen. Du musst im Leben so weit gehen, wie du kannst. Ich weiß jetzt, dass wirklich jeder Augenblick im Leben wichtig ist und dass diese Augenblicke sich in vielerlei Hinsicht gleichen. In Hinsichten, die dir noch nicht klar sind. Gute und schlechte Tage, Tage, an denen wir gesund oder krank, glücklich, traurig, gelangweilt oder fasziniert sind – sie sind dasselbe. Bei jedem einzelnen Atemzug und in jedem Augenblick deines Lebens bewirkst du etwas, bewirkst du Dinge, die mit etwas sehr viel Größerem verbunden sind. Du bist Teil von etwas sehr viel Größerem. Wir alle sind Teil dieses übergeordneten Sinns. Freundliche Menschen haben genauso einen Sinn wie grausame, einen Sinn, den du jetzt vielleicht noch nicht verstehen kannst. Jeder Mensch ist wichtig, und jeder Augenblick ist wichtig. Auch die schmerzlichen. Wir sind alle eins.

Jetzt bist du darauf beschränkt, einen Augenblick nach dem anderen zu leben. Augenblick für Augenblick drückst du deinem Leben einen Stempel auf. Spirituelles Wachstum beruht immer darauf, dass du in der Vergangenheit an dir gearbeitet hast. Alle vergangenen Erfahrungen sind Bau-

steine. Alle Augenblicke des Lebens sind Sandkörner, die zusammen die Bausteine bilden. Wir sind mehr als die Sandkörner an einem kollektiven Strand, der Gott ist – wir alle sind Universen, die miteinander verbunden sind.

Das spirituelle Wachstum des Einzelnen ist mit dem Wachstum der Gemeinschaft verknüpft. Der freie Wille und das Schicksal sind zwei Wege, die demselben Ziel zustreben. Ab und zu kreuzen sie sich. Sie sind untrennbar miteinander verbunden. Der Einzelne ist auch nicht vom Ganzen getrennt. Alle Lebenskräfte entwickeln sich, wachsen und bewegen sich auf das Einssein mit dem Unendlichen zu.

Du musst so viele Augenblicke des Lebens leben, wie du ertragen kannst. Für dich – und für jeden anderen – hat jeder Augenblick des Lebens Sinn und Zweck. Auch die Augenblicke, die uns wehtun, in denen wir leiden, haben einen Sinn. Jedes Leid ist mit einem übergeordneten Guten verbunden, das du jetzt vielleicht nicht verstehen kannst.

Vertrau mir, vertrau unserer Liebe. Durch meinen Tod wirst du lernen und wachsen. Du wirst erkennen, dass es mein Weg und mein Schicksal war, mein Leben zu diesem Zeitpunkt zu beenden. Es war die Lektion meines Lebens. Was ich dir jetzt gegeben habe, ist ein winziges Molekül der Lektionen, die ich seit meinem Tod gelernt habe. Auch mein Selbstmord ist mit einem übergeordneten Guten verbunden. Du wirst sehen, wie es sich teilweise in deinem Leben offenbart. Ich werde mich wieder bei dir melden. Ich bin immer bei dir.

Eine Welle intensiver Gefühle schwoll in mir an, es waren genau dieselben Gefühle, die ich vorher gefühlt hatte: Wut und Schmerz. Ich begann zu schreien.

»Du verdammter Hund, du hast mich verlassen!« Ich konnte mich wieder bewegen und gestikulierte wild. Ich schrie: »Raus hier, hau ab!«

Das Licht und Albert verschwanden. Vielleicht war er auch schon weg, bevor ich gesprochen hatte. Mir war wieder kalt und ich fühlte mich leer.

Ich weckte Sharon noch einmal aus ihrem tiefen Schlaf. Ich war verwirrt und murmelte in den Hörer, was gerade geschehen war. Die Ungeheuerlichkeit des Ereignisses konnte ich nicht vermitteln. Instinktiv glaubte ich, niemand würde es je verstehen. Ich verabschiedete mich und blieb die ganze Nacht auf.

Alberts Worte hallten stundenlang in mir nach. Er war mir erschienen, und seine Worte saßen in meiner Seele fest wie eine immer wiederkehrende Melodie. Den Großteil seiner Botschaft verstand ich nicht, und es sollte Jahre dauern, bis ich sie ganz verarbeitet hatte, aber seine Worte gaben mir sofort ein winziges Stückchen Hoffnung in dieser dunklen Zeit.

Ein paar Monate lang war ich emotional völlig down. In dieser Nacht hatte ich meinen Tiefpunkt, aber seine Botschaft erschien mir irgendwie sinnvoll. Albert hatte Verbindung zu mir aufgenommen.

Diese erste Begegnung hatte mehrere Ebenen und enthielt viele Botschaften. Sie pflanzte den Samen der Hoffnung, der meinen Selbstmord verhinderte, und gab mir für den Rest meines Lebens Halt. Weil ich sie selbst erlebt hatte, blieb kaum Raum für Skepsis; trotzdem brachte ich es irgendwie fertig, meine Zweifel weitgehend zu behalten. Auch nach dieser Nacht hatte ich noch Bedenken und wollte einen weiteren Beweis.

Dessen ungeachtet löste seine Botschaft tief in mir ein Gefühl von Entschlossenheit aus. Seine Worte – dass jeder einzelne Augenblick des Lebens wichtig ist, dass wir in jeder einzelnen Sekunde etwas bewirken, dass Leid mit einem übergeordneten Guten verbunden ist – klangen für mein Innerstes irgendwie richtig. Ich begann, Entscheidungen auf der Grundlage dieser Worte zu treffen. Sie sorgten dafür, dass ich weiter um mein Leben kämpfte. Meine Entschlossenheit wuchs. Nach traurigen oder schmerzlichen Ereignissen – und manchmal auch schon während solcher Momente – fand ich ein gewisses Gefühl von Frieden. Aber vielleicht ist Frieden nicht das richtige Wort für das, was ich empfand. *Akzeptieren* passt besser.

Heute glaube ich tatsächlich, dass jeder Augenblick des Lebens kostbar ist. Ich habe gelernt, dass scheinbar schreckliche Ereignisse einen Sinn haben – auch wenn ich ihn vielleicht nicht verstehen kann. Wenn aus meinem Leid oder seinem Selbstmord irgendetwas Gutes entstehen würde, dann könnte aus jedem Leid etwas Gutes entstehen.

Heute glaube ich Alberts Worten voll und ganz. Auf tief innerer Ebene weiß ich, dass die zwei alten Sprichwörter: »Du bist zur rechten Zeit am rechten Ort, sonst wärst du woanders«, und: »Kämpf nicht gegen den Strom, er fließt wie er will«, wahr sind. 1994 war es neu für mich, so etwas akzeptieren zu können. Es dauerte Jahre, bis ich es ganz verinnerlicht hatte. Dieses Akzeptieren nimmt den Schmerz nicht weg, aber es hat viele Entscheidungen beeinflusst. Die Lektionen, die ich seit dieser Nacht gelernt habe, haben viele Fragen über Ungerechtigkeit und Leid beantwortet. Ein Teil der Antwort besteht einfach darin, dass ich keine Fragen mehr stelle, auf die es keine Antwort gibt. Der andere Teil wurde zu der klaren, festen Überzeugung, dass das ganze Leben mit etwas Größerem verbunden ist. Vielleicht können wir das zu Lebzeiten nicht sehen. Wie Albert sagte:

> *Wir alle bewirken so vieles, das den meisten von uns zu Lebzeiten nicht klar ist.*

5. Kapitel

Ein winziges Signal, Alberts Trauerfeier

(5. Juni 1994)

Vier Tage nach Alberts Tod wollte Steve in Alberts Garten eine Trauerfeier veranstalten. Steve war ein Exfreund von Albert. Nach dem Ende ihrer Beziehung wohnten sie weiter zusammen. Trotzdem war ihre Beziehung nicht frei von Spannungen. Steve war sehr gesellig und konnte keine Gelegenheit zum Feiern auslassen. Damals waren Trauerfeiern in der Schwulenszene ein gängiges Ereignis. Sie hatten sich zu einer weniger trübsinnigen, weniger ernsten Angelegenheit entwickelt, als man vielleicht erwarten würde. Steve bat mich, bei der Feier eine Rede zu halten. Ich war immer noch am Boden zerstört, aber ich akzeptierte.

Ich kam nachmittags kurz nach drei Uhr an. Es kam mir alles ziemlich seltsam vor. Nur ein paar alte Freunde von Albert waren da. Hauptsächlich schien es eine Zusammenkunft von Steves Freunden zu sein, von denen ich nur wenige kannte. Ich war davon ausgegangen, dass Alberts Freunde zusammenkommen und der liebenswerten Seele gedenken würden, die wir verloren hatten. Aber jetzt flossen die Drinks, und ich fühlte mich als Außenseiter. Ich setzte mich in den Garten, und meine Gedanken wanderten zu den zahllosen Stunden, die Albert und ich damit zugebracht hatten, diesen wunderschönen Garten anzulegen.

Ein merkwürdiger Gedanke kam mir in den Sinn: Wir hatten vor einiger Zeit Kolibritränken im Garten aufgestellt, aber nie einen Kolibri dort gesehen. Ich vermutete, dass die mindestens 30 Katzen, die im Garten hinter Alberts Haus lebten, die Vögel verscheucht hatten. Albert fing streunende Katzen in der Nachbarschaft mit einer Katzenfalle ein und brachte sie zum Sterilisieren. Er sagte, dass der Nachwuchs von streunenden Katzen kaum eine Überlebenschance hat, und das war seine Methode, den tragischen Tod dieser kleinen Wesen zu verhindern. Obwohl er seine Katzen nach der Sterilisation freiließ, fühlte er sich verpflichtet, sie weiter zu füttern. Er stellte jeden Abend Milch und Futter nach draußen, und die meisten Katzen aus der Nachbarschaft nutzten dieses kostenlose Büffet. Ich nahm an, dass die Katzen die Vögel verscheucht hatten, aber ganz sicher war ich mir nie. Ich wusste nur, dass es im Garten keine Kolibris gab.

Als ich so im Garten saß, setzte Ed Foley, einer von Alberts ungewöhnlicheren Freunden, sich neben mich. Vor Jahren hatten Albert und er zusammengearbeitet, und in den letzten Jahren waren sie Freunde geworden. Ich hatte das nie verstanden. Ed besaß sehr viele der Charakterzüge, die ich bei Menschen nicht mochte. Er war ein konservativer Republikaner und ein Expolizeibeamter. Er war schroff, trank ziemlich viel und rauchte ständig die stinkigsten Pfeifen, die ich je gerochen hatte. Wir hatten absolut nichts gemeinsam. Trotzdem saßen wir jetzt da und unterhielten uns über den Freund, den wir verloren hatten.

Ich erwähnte meine Enttäuschung über die partyähnliche Atmosphäre. Ich sagte, dass ich die Nachrede auf Albert vielleicht nicht halten würde. Ich wunderte mich, warum nicht mehr Leute traurig waren. Ich wollte die ganze Welt in Sack und Asche sehen.

Ed sagte: »Vergiss die Fremden und denk an Albert.«

Wir unterhielten uns eine Stunde oder länger, und dann bat Steve mich, zu den Versammelten zu sprechen. Ed stand rechts von mir, Steve links. Plötzlich flatterte etwas heran und ein winziger rotkehliger Kolibri schwebte über mir. Ich machte Ed auf den Vogel aufmerksam; er sagte: »Vergiss den Vogel und sag etwas.« Ich wunderte mich einen Moment – war der Vogel ein Signal? Dann begann ich mit einer improvisierten Rede.

Ich sagte den Anwesenden, dass es schwierig sei, Alberts Freitod zu erklären, obwohl ich ihn so gut kannte. Ich verstand, was ihn schmerzte. Albert war jemand, der nie zufrieden war. Wenn er den Mond in den Händen hielte, würde er sich bemühen, die Sterne zu erreichen. Er hatte oft gesagt, dass er selbst sein ärgster Feind war. Er sah sich selbst immer zu kritisch. Er war extrem sensibel und zartfühlend. Es fiel ihm schwer, im Alltag zu erleben, wie brutal die Natur sein kann. Das Leben war mehr, als er bewältigen konnte.

Albert hatte einmal gesagt, er würde sich auf dieser Welt wie ein Fremder fühlen. Jetzt verstand ich das. Ich fühlte mich wie ein Fremder. Er fragte sich, wie Leute so grausam sein konnten; er konnte das nicht verstehen. Er hielt die Welt für einen brutalen Ort. Die Freunde um ihn herum waren krank, und das Leiden schien überall zu sein.

Ich stand vor Alberts Freunden und beschrieb weiter die Tugenden des schüchternen und freundlichen Menschen, den ich kannte und liebte. Ich hielt einen Augenblick inne und erinnerte mich an ein paar von Alberts Worten in der Nacht, als er mich besucht hatte. Ich sagte den Versammelten, dass ich das Gefühl hatte, dass er mich in der Nacht, in der er starb, besucht hatte, dass seine Worte mich getröstet hatten und dass sein Selbstmord vielleicht sein Schicksal war, die Lektion, die sein Leben enthielt. Ich sagte, ich wäre sicher, dass Albert jetzt genau da war, wo er sein wollte, dass er an einem besseren Ort war und dass ich hoffte, dass er auf die, die er liebte, aufpassen würde. Ich wollte erklären, was ich in der Nacht, in der Albert kam, erlebt hatte, aber es war nicht einfach. Ich dachte, niemand würde mir glauben. In der Hoffnung, den winzigen Samen der Zuversicht, den ich erhalten hatte, weitergeben zu können, versuchte ich es trotzdem. Alberts Worte hatten sich meiner Seele eingeprägt, und obwohl es mich sehr verlegen machte, konnte ich einen Teil seiner Botschaft weitergeben.

Als ich über die Menge der Freunde schaute, die zusammengekommen waren, bemerkte ich, dass viele seiner engeren Freunde weinten. Ich schloss den kurzen Nachruf mit Alberts Lieblingszitat, einem alten chinesischen Sprichwort: »Mit jedem Zusammentreffen beginnt ein Abschied.«

Als ich mit meiner Rede fertig war, wollte ich nach Hause. Ed wohnte bei mir in der Nähe und fragte, ob ich ihn mitnehmen könnte. Es war Nacht geworden, und seine Gesellschaft war mir angenehm.

Während der Fahrt spürte ich wieder Alberts Gegenwart. Ich hatte das Gefühl, als würde er mich bitten, mich mit Ed anzufreunden, und mir sagen, dass Ed in dieser Welt ganz allein wäre und meine Freundschaft brauchte. Ich fühlte eine merkwürdige Verpflichtung, mich seiner anzunehmen.

Wir unterhielten uns, während wir durch die Stadt fuhren, und ich empfand so etwas wie Sympathie für Ed. Als wir vor seinem Apartmenthaus ankamen, saßen wir draußen etwa eine Stunde in meinem Auto und erinnerten uns an den Freund, den wir verloren hatten.

Als Ed aussteigen wollte, empfand ich das Bedürfnis, ihn zu umarmen. Ich stieg aus dem Auto aus, und weinend hielten wir uns etwa fünf Minuten beim Schein des Mondes umschlungen. Meine Augen wanderten zu einer Telefonleitung über uns, und wieder saß da ein rotkehliger Kolibri und zirpte. Ed war nicht besonders beeindruckt, als ich ihn darauf aufmerksam machte.

»Ein Kolibri, na und?« Aber ich fragte mich wieder, ob es ein Signal war.

Ein Jahr später fand ich heraus, dass Kolibris nachts nicht aktiv sind. Sie verfallen in eine Art Starre, die als *Torpor* bezeichnet wird; ihre Herzfrequenz und ihre Atmung werden langsamer, um Energie zu sparen. Kolibris sind nachts gefährdet und schlafen deshalb.

Als ich Ed später an diese Nacht und den winzigen Vogel erinnerte und ihm mein Buch über das Verhalten von Kolibris zeigte, wurde ihm klar, wie einzigartig die Situation gewesen war. Er fing an, Alberts Hinübergehen von einer spirituellen Warte aus zu sehen. Er sagte, er hoffte, dass Albert im Himmel wäre und über uns wachte.

Am nächsten Tag bekam ich mit der Post einen Brief von Albert. Es war die ins Reine geschriebene Version des zusammengeknüllten Zettels, auf Briefpapier mit Vergissmeinnicht-Dekor.

Es war Alberts endgültiger Beweis, dass er mich wirklich liebte. Der Brief endete: »Bitte vergiss mich nie.«

Als der Brief ankam, überflog ich ihn, aber mein Schmerz war zu groß, als dass ich seine Bedeutung hätte verstehen können.

6. Kapitel

Die folgenden Monate

(Juni – Oktober 1994)

Die Intensität und die Menge der folgenden Signale hätte ich nie erwartet. Vielleicht war ich vorher wegen meiner Gesundheit weniger in der Lage gewesen, die Signale zu empfangen. Nach Alberts Trauerfeier war ich monatelang krank, und ich spürte, dass mein Körper schneller alterte. Ich hatte weniger Energie, ich hatte häufiger Infektionen, und mir war ständig übel. Einfache Erledigungen kosteten mehr Energie, als ich hatte. Ich lag stundenlang bewegungslos und erschöpft im Bett. Aus Stunden, die ich im Bett verbrachte, wurden Tage, und dann Wochen und Monate. Meine Rollläden blieben geschlossen, und ich verlor jegliches Zeitgefühl. Ich wusste nur selten, welchen Wochentag wir hatten. Das erklärt vielleicht die Lücke zwischen Alberts ersten Zeichen und denen, die folgten.

Als ich mich endlich zwang, das Haus zu verlassen, konnte ich kaum das Gleichgewicht halten. Ich ging zum Lebensmittelladen und bemühte mich, nicht zu fallen. Die paar Mal, die ich mich nach draußen wagte, traf ich auf alte Bekannte; sie waren entsetzt und wussten nicht, was sie sagen sollten. Ich hatte ziemlich abgenommen; der Tod stand mir wohl ins Gesicht geschrieben.

Etwas in mir, ein winziges Fünkchen Hoffnung, ließ mich

weitermachen. Vielleicht war es Alberts Botschaft. Ich machte mir keine Gedanken wegen der Zeit, die ich verloren hatte. Ich war dankbar, in einem angenehmen Zwischenreich zu sein. Wenn ich nach Phasen starker Schmerzen nur mäßige Schmerzen hatte, stärkte das meinen Glauben, dass ich wieder gesund werden würde. Ich versuchte, ein mittleres Niveau zu erreichen, einen Zustand, bei dem es mir vielleicht nicht besser, aber auch nicht schlechter ging. Es war wie eine extrem starke Grippe, und ich konzentrierte mich auf die Augenblicke, in denen ich weniger Schmerzen hatte. Wenn ich nur mühsam Luft bekam, konzentrierte ich mich darauf, wie gut es sich angefühlt hatte, als ich noch beschwerdefrei atmen konnte.

Es gab jedoch auch Zeiten, in denen ich sterben wollte. Viele andere waren an weniger schweren Infektionen gestorben. Aus der Sicht des medizinischen Establishments hatte ich keine Chance. Ich hatte jede Entschuldigung der Welt, mir das Leben zu nehmen, aber tief in meinem Innersten hielt dieses winzige Fünkchen Hoffnung mich am Leben. Es stärkte meinen Lebenswillen.

Sharon Shaw rief täglich an und kam oft vorbei. Immer wieder bestärkte sie in mir die Idee, dass die Krankheit vorbeigehen würde, und zwang mich, mich auf das Positive zu konzentrieren, auch wenn es sehr schnell verging. Sie half mir, die schlechten Tage dadurch zu überleben, dass sie mich drängte, mich auf gute Augenblicke und bessere Zeiten zu konzentrieren. Ein offenes Fenster und leichter Wind bedeuteten so viel und ebenso der Sonnenschein und die Bäume draußen. Jede Stunde, in der ich keine Schmerzen hatte, weckte meine Lebensgeister mehr. Schließlich hatte ich ein paar gute Tage. Viele meiner körperlichen Probleme fingen an, auf die Behandlung anzusprechen.

Nach etwa fünf Monaten begann ich öfter aus dem Haus zu gehen. Ich fing damit an, dass ich ein paar Mal in der Woche um den Block ging. Nach einiger Zeit konnte ich kleine Besorgungen erledigen. Wenn ich einen Rückfall hatte, erinnerte Sharon mich an die guten Tage. Ihre Überzeugtheit gab mir Kraft, und langsam wurde ich wieder gesund.

Sechs Monate nach Alberts Tod verlor mein Kummer an Schärfe. Ich fing eine neue Behandlungsserie an, und mein körperlicher Zustand besserte sich weiter. Allmählich wurde ich kräftiger und ging sogar wieder ins Fitness-Studio. Nach fünf Minuten auf dem Stepper war ich fix und fertig, aber im Lauf der Zeit schaffte ich 30 Minuten. Ich fühlte mich immer lebendiger, und meine Genesung beschleunigte sich. Ich schrieb einen Großteil dieser Besserungen den Proteasehemmern zu, einem Medikament, das seit kurzem verfügbar war. Meine Blutwerte näherten sich allmählich einem normalen Niveau. Es kam mir so vor, als wäre mir ein neues Leben geschenkt worden, und ich hoffte, Albert wäre bei mir. Ich dachte oft an ihn; wenn ich einmal nicht an ihn dachte, erinnerte mich irgendetwas Ungewöhnliches – irgendein »Zufall« – an ihn.

Um Ihnen ein Beispiel zu geben: Als ich einmal das Fitness-Studio verließ, kam aus der Lautsprecheranlage Bette Midlers *Wind Beneath my Wings.* Ich habe nichts gegen Bette Midler, aber aus Liebesliedern oder Popmusik hatte ich mir nie etwas gemacht.

Ich ging zu meinem Auto. Das Radio war auf einen Sender eingestellt, bei dem Anrufer sich ein Lied wünschen können, das sie einem lieben Menschen widmen. Als ich den Motor startete, hörte ich den Sprecher sagen: »Und hier ist *Wind Beneath My Wings* von Bette Midler mit lieben Grüßen für ...«. Jetzt reicht's aber, dachte ich, als ich eine Kassette aus dem Stapel griff, den ich im Auto hatte. Es war dunkel; ich nahm die erstbeste, die mir in die Hände geriet, und schob sie in das Abspielgerät. Zu meiner Überraschung kam wieder *Wind Beneath My Wings* aus den Lautsprechern. Ich fuhr an den Straßenrand, sah mir die Kassette an und erinnerte mich daran, dass ich vor einigen Tagen ein paar von Alberts alten Sampler-Kassetten in mein Auto gepackt hatte. Diese Kassette hatte dazu gehört und fing genau bei diesem Lied an.

Es war, als würde das Universum versuchen, es mir ans Herz zu legen, und ich fühlte mich gezwungen, mich hinzusetzen und es richtig anzuhören. Ich stellte fest, dass es mich sehr ergriff. Der Text sprach von inniger Liebe und Freundschaft, und ich kam nicht umhin, mich zu fragen, ob Albert diesen Zufall irgendwie arrangiert hatte. Zum ersten Mal seit der Nacht, in der er gestorben war, spürte ich seine Anwesenheit als warmes Glühen. War es eine Umarmung aus dem Jenseits? Es fühlte sich so an.

Ich hatte das Gefühl, als wäre er in diesem Augenblick bei mir. Ich sah auf und bemerkte, dass ich das Auto zufällig neben dem riesigen alten Feigenbaum abgestellt hatte, unter dem wir vor Jahren gesessen hatten – an dem Tag, an dem Albert mir sein Herz ausgeschüttet und mir anvertraut hatte, für was er sich schämte.

Erfüllt von diesem warmen Glühen fuhr ich nach Hause. Ich hatte das Gefühl, als seien meine Batterien wieder aufgeladen worden, als hätte man mich getröstet. Der Text des Liedes erinnerte mich an jede einzelne positive Äußerung, die Albert mir gegenüber gemacht hatte. War das eine Erinnerungshilfe aus dem Jenseits? Ich war immer noch skeptisch; aber eigentlich war es auch egal, ob es Zufall war oder nicht – ich war optimistischer geworden, und *das* rettete mir das Leben.

Ein paar Tage später beschloss ich, in eine bestimmte Kirche zu gehen und zu beten. Wenn ich daran zurückdenke, glaube ich, dass ich damals auf ein größeres, eindeutigeres Signal hoffte. Ich dachte, wenn Albert mich irgendwo erreichen könnte, würde es dort sein, denn er hatte mich 1993 zu dieser Kirche geführt. Es war eigentlich keine Kirche, sondern eine Kapelle in einem Kloster mit Nonnen, die selbst gebackenes Brot verkauften. Der Ort ist mit nichts in Los Angeles zu vergleichen – er ist eine winzige Oase der Ruhe, mitten in Hollywood, außerhalb von Vine.

Sobald ich in der Kapelle war, überwältigten mich die Gefühle, und ich fing an zu weinen. Erinnerungen überschwemmten mich. Ich dachte an all den Schmerz, den Albert in seinem Leben ertragen hatte. Ich wusste, dass das Leid in ihm riesengroß gewesen sein musste; nur dies konnte erklären, dass er sich selbst das Leben genommen hatte.

Nachdem ich eine Stunde gebetet hatte, ging ich zum Auto zurück; eine ältere Nonne kam auf mich zu. Sie war die einzige Nonne im Kloster, die sprechen durfte; die anderen hatten ein Schweigegelübde abgelegt. Sie fragte mich, warum ich weinte, und ich erzählte ihr, dass mein bester Freund sich umgebracht hatte. Sie erinnerte sich daran, dass Albert oft allein gekommen war, um zu beten.

»Er muss sehr gelitten haben«, sagte sie. Ich stimmte ihr zu. »Wir alle leiden in diesem Leben«, sagte sie sanft.

Jahrelang habe ich über diesen Augenblick und die sechs Worte nachgedacht. »Wir alle leiden in diesem Leben.« Ich hatte das erhoffte Zeichen nicht bekommen, aber ihre Worte klangen in mir weiter, und ich begann mich zu fragen, ob das Leid Teil eines universellen Reinigungsprozesses ist. Mit der Zeit kam ich zu der Überzeugung, dass dies tatsächlich so ist. Wenn jeder Einzelne von uns eine Zelle im Körper Gottes ist und wir in diesem Universum alle miteinander verbunden sind, hat unser Leiden vielleicht die gleiche Aufgabe, die die Leber im Körper wahrnimmt; vielleicht reinigt Leid die übergeordnete Einheit.

Ich erkannte auch, dass wir nicht alle gleich leiden. Früher glaubte ich, alle Menschen würden gleich leiden. Ich dachte, dass das, was jeder von uns an Schmerz erlebt, das ganze Leid ist, das wir kennen, und dass dieses Leid für jeden von uns gleich groß ist. Ich nahm an, man könne das eigene Leid nicht mit dem Leid anderer Menschen vergleichen und dass das Leid irgendwie ausgeglichen wäre – gleiches Leid überall. Ich dachte, dass Menschen, die weniger zu leiden schienen, Leid intensiver empfänden und dass man umso mehr Leid ertragen könnte, je mehr man litt. Heute glaube ich nicht mehr, dass das allgemein so stimmt.

Manche Menschen leiden mehr als andere. Ich zum Beispiel hatte mehr gelitten als der Durchschnitt und war durch dieses Leid stärker geworden.

Ich hoffe, ich kann diese Überzeugung an andere weitergeben, die leiden – ich bin sicher, dass Leid einen Sinn und einen Zweck hat. Wenn ich Menschen, die Kummer haben, nur ein bisschen Hoffnung oder Vertrauen geben kann, ist das wahrscheinlich wichtiger, als mediale Erlebnisse aufzuzeichnen.

Die Umstände, Zufälle oder Signale aus dem Jenseits erinnerten mich auch weiter an Albert. Ich erinnere mich vor allem an einen Vorfall, der im Oktober 1994 stattfand, als ich mich schon ein bisschen stärker fühlte. Ich ging in einen Trödelladen namens *Out of the Closet.* Ich bin immer gern in Trödelläden gegangen. Ich liebe es, die fragmentarischen Hinterlassenschaften und die versetzten Gegenstände anderer Menschen durchzusehen und etwas zu finden, das für mich wertvoll ist. Gebrauchte Gegenstände hatten für mich immer mehr Charme als neue. Während ich wühlte, brachte das Personal drei riesige Kisten mit Büchern herein. Ich sah sie durch, aber sie waren nicht besonders interessant. Der Verkäufer erwähnte, er hätte gerade eine Kiste Bücher in den Abfallcontainer draußen gegeben, weil sie zu beschädigt waren für den Verkauf. Er sagte, wenn ich wollte, könnte ich sie gerne herausholen.

Normalerweise hätte ich abgelehnt, aber ich war doch neugierig geworden und ging nach draußen, um einen kurzen Blick auf sie zu werfen. Die meisten Bücher waren vom Ende des 19. Jahrhunderts. Sie waren abgegriffen, hatten Stockflecken und fielen auseinander. Ich suchte noch ein bisschen weiter und zog ein Buch von 1878 über die Bedeutung der Freundschaft heraus. Es war in schlechtem Zustand, der Ledereinband war abgewetzt und der Rücken beschädigt. Es war eine von einem Priester zusammengestellte Sammlung von Zitaten über Freundschaft. Ich nahm das Buch mit nach Hause und legte es in einen Schuhkarton.

Ein paar Abende später fand ich keinen Schlaf und sah mich um, ob nicht etwas zu lesen da wäre. Ich nahm das kleine Buch aus der Schachtel und überflog den Text. Viele Zitate waren wunderschön, aber die Seiten waren so mürbe, dass mehrere zerfielen, als ich sie umdrehte. Überall rieselte der Staub.

Als ich das Buch halb durch hatte, fand ich zwischen den Seiten ein vergilbtes Lesezeichen. Es war auf der Seite eingefügt, auf der vor Jahrzehnten, vielleicht sogar einem Jahrhundert, ein Zitat unterstrichen worden war. Das zerfallende Lesezeichen hing fest an der Seite, auf der der letzte Leser es eingefügt hatte. Das unterstrichene Zitat lautete: *Mit jedem Zusammentreffen beginnt ein Abschied.*

In solchen Augenblicken verflogen meine Zweifel, dass Albert sein Versprechen halten würde, Verbindung zu mir aufzunehmen, wenn er als Erster sterben müsste. Es stimmt, dass die Zeichen und Signale der vergangenen sechs Monate – abgesehen von der intensiven Erfahrung in der Nacht, in der er gestorben war – sehr subtil gewesen waren. Man konnte sie leicht für Zufälle halten. Aber mir gaben diese kleinen stillen Zeichen, eins nach dem anderen, Trost und Hoffnung. Ich wusste nicht, welche Signale von Albert noch kommen würden. Vielleicht musste ich, um seine zukünftigen Geschenke erhalten zu können, vom Leid dieses Jahres genesen und in meinem Kopf für mehr Klarheit sorgen. Vielleicht war ich noch nicht bereit, die intensiven Botschaften aufzunehmen, die folgen sollten.

7. Kapitel

Hoffnungen und Signale

(November – Dezember 1994)

Im November 1994 überredete eine benachbarte Immobilienmaklerin mich, mir eine Wohnung anzusehen, die direkt gegenüber auf der anderen Seite der Straße lag. Sie überzeugte mich davon, dass ein Umzug in ein neues Zuhause ein Katalysator für positive Veränderungen sein könnte. Ich wusste nicht genau, ob ich umziehen sollte. Ich lebte seit über zehn Jahren in meiner jetzigen Wohnung. Es war der Ort, an dem ich mich wohl und geborgen fühlte, und er war voll von lieben Erinnerungen. Es widerstrebte mir, einen solchen Ort der Sicherheit aufzugeben. Aber die neue Wohnung war größer und schien wärmer zu sein als die alte. Ich besichtigte sie ein paar Mal, konnte mich aber nicht zu einem Umzug entschließen.

Als ich mir dann die Wohnung eines Nachmittags noch einmal ansah, kam ich zu dem Entschluss, dass es doch ein guter Schritt für mich wäre. Meine Entscheidung wurde schnell durch einen kleinen, unerwarteten Besucher bekräftigt. Als ich auf dem terrassenartigen Balkon saß, schwebte ein kleiner Kolibri über mir. Die Wohnung lag im zehnten Stock einer Wohnanlage in einem eng bebauten Bezirk von Los Angeles. Die Wände des Gebäudes waren aus solidem Beton, und auf den Dachterrassen gab es kaum Sträucher oder Blumen, um Kolibris anzuziehen. Es war ein unwirtlicher Ort für diesen kleinen Vogel; er hatte keinen Grund, hier zu sein. Mein Vertrauen wuchs, und ich nahm es als Zeichen.

Nachdem ich in die Wohnung eingezogen war, erschien in den ersten zwei Wochen jeden Morgen ein Kolibri an meinem Fenster, um mich zu begrüßen. An seinem gedrehten Schnabel und bestimmten anderen Kennzeichen sah ich, dass es immer derselbe Vogel war. Ich setzte rankende Pflanzen an die Ränder der Terrasse und installierte eine rote Kolibritränke für meinen kleinen Besucher. Innerhalb von ein paar Wochen hatte sie mehr Kolibris angezogen, als ich zählen konnte. Sie kamen jeden Tag, von morgens bis abends, und es machte mir Spaß, sie zu beobachten. Wenn ein Vogel den anderen an der Tränke ablöste, um den Nektar zu genießen, glich das einem sorgfältig arrangierten Tanz.

Der Umzug schien meine Heilung zu erleichtern. Ich bekam durch die Veränderung mehr Kraft, und an dem neuen Ort fühlte ich mich wohler.

Als im Dezember mein Geburtstag näher kam, empfand ich die Einsamkeit besonders stark. Tony war gestorben. Kelly und Mark ging es sehr schlecht; sie waren im Krankenhaus, sonst hätten sie mit mir gefeiert.

Ich dachte an die vergangenen Feiertage, an denen Tony, Albert, Mark, Kelly und ich zusammen gewesen waren. Feste und Feiertage waren für uns alle zu etwas Besonderem geworden, zu einer Zeit, das Leben und die Freundschaft zu feiern. Ohne diese Freunde schien der Dezember trostlos.

Bevor ich Sharon kennen lernte, bedeutete ein Geburtstag mir sehr wenig. Er war ein Tag wie jeder andere. Aber mit der ihr eigenen Begeisterung für Geburtstage überzeugte Sharon mich, dass es sich lohnte, sie zu feiern, und mit der

Zeit bedeuteten sie mir sehr viel. Sie meinte, dass wir an einem Geburtstag – dem Tag, an dem wir in dieses Leben gekommen sind – nicht nur den Eintritt in ein neues Lebensjahr feiern sollten, sondern das Leben überhaupt. Jedes Leben war es wert, mit einem Ritual geehrt zu werden. Sharon war entschlossen, meinen Geburtstag zu feiern.

Die meisten Leute, die ich kenne, feiern Geburtstage auf eine von zwei Arten. Entweder sie tendieren dazu, sich tot zu stellen und niemandem von ihrem Geburtstag zu erzählen. Sie vermeiden jede Feierlichkeit; sie gehen zur Arbeit und tun so, als wäre es ein ganz normaler Tag. Mag sein, dass bei diesen Leuten quälende Gefühle hochkommen, wenn sie zur Kenntnis nehmen, dass die Zeit vergeht. Das konkrete Hervorheben eines bestimmten Zeitpunkts erinnert sie vielleicht an eine Eieruhr, bei der der Sand durchrinnt, an das Gefühl, dass ihnen immer weniger Zeit zum Leben bleibt, und an unerfüllte Träume. Wenn jemand einem Leben nach dem Tod skeptisch gegenübersteht, kann ein Geburtstag tatsächlich etwas ziemlich Beunruhigendes sein.

Ich glaube, dass diese Menschen das Glas eher als halb leer, denn als halb voll sehen. »Ein Jahr älter, ein Jahr näher am Tod.« Dieser Gedanke stellt sich gegen die Verdrängungsprozesse, die alle Menschen in Bezug auf ihre Sterblichkeit in Gang setzen. Ich hatte diese Verdrängung aufgegeben und wollte an meinem Geburtstag einfach mit Freunden zusammen sein. Ich war nicht traurig, nur einsam.

Die andere Gruppe von Menschen feiert am Geburtstag ein großes Fest. Sie erinnern alle Bekannten lange im Voraus an das Ereignis. Sie planen irgendetwas Besonderes und machen es aller Welt bekannt. Für sie ist das Glas halb voll; vielleicht freuen sie sich aber auch nur über den Tag. Auf jeden Fall machen sie das Beste aus ihm.

1994 gehörte ich schon zu dieser Gruppe, aber außer Sharon hatte ich niemanden, den ich anrufen konnte. Ich glaubte jetzt, am Geburtstag sollte man von Freunden umgeben sein, sich zusammen freuen und die Freundschaft hochleben lassen. Der Tag, an dem eine Seele in die uns bekannte Welt eintritt, ist tatsächlich etwas Besonderes. Die Art und Weise, in der wir unseren Geburtstag feiern, zeigt, wer wir sind und wo wir in unserem Leben stehen. Und die Art und Weise, in der wir andere an ihrem Geburtstag behandeln, zeigt ebenfalls, wer wir sind.

Als Sharon fragte, was ich an meinem Geburtstag machen wollte, fühlte ich mich nicht besonders wohl und hatte sehr wenig Energie. Ich schlug ein ruhiges Abendessen in einem kleinen makrobiotischen Restaurant vor, das ich sowieso einmal ausprobieren wollte.

Ich freute mich, meine Wohnung einmal für kurze Zeit verlassen zu können, aber beim Abendessen überkam mich trotzdem ein Gefühl der Einsamkeit. Wir saßen an einem Fensterplatz und unterhielten uns.

Mitten während des Essens ging ein vertrautes Gesicht am Fenster vorbei. Unsere Augen trafen sich, und wir lächelten. Es war Cliff Watts, ein Mann, mit dem ich eine kurze Liaison gehabt hatte, als ich nach Los Angeles gezogen war. Er war ein sehr freundlicher Mensch, liebenswürdig und herzlich. Wir hatten nicht viel Kontakt gehabt, weil er beruflich sehr beschäftigt war. Wir hatten uns ein paar Mal zufällig getroffen und uns ab und zu, ein- oder zweimal im Jahr, unterhalten. Es war immer angenehm, sogar etwas Besonderes; ich hatte Cliff jahrelang von Ferne verehrt. Ich hatte ihn immer respektiert und bewundert.

Er klopfte an die Fensterscheibe. Mit einem für mich untypischen, extrovertierten Handzeichen lud ich ihn ein, hereinzukommen. Er fragte, ob das Essen gut wäre und ob er sich zu uns setzen könnte. Ich freute mich über seine Gesellschaft. In den nächsten Stunden unterhielten wir uns, und es war fast so ähnlich wie damals, als Albert und ich uns im Café des Athletic Club zum ersten Mal unterhalten hatten. Ich wusste sofort, dass unsere Freundschaft mehr Tiefe und Bedeutung bekommen würde. Die Zeit, das Universum oder der Zufall hatten mir ein Geburtstagsgeschenk gemacht. Ich hatte einen neuen Freund.

Dass ich Cliff als Freund hatte, verstärkte meine Hoffnung. Im nächsten Jahr verbrachten wir viel Zeit zusammen und redeten über unser Leben. Er war fasziniert von den Veränderungen, die bei mir stattgefunden hatten. Obwohl er selbst HIV-negativ war, fand er mein außergewöhnlich langes Überleben spannend. Ich hatte durch Aids viel gelernt, und er war wie ein Schwamm, begierig, alles aufzunehmen. Er lernte von jedem, mit dem er zu tun hatte, und entwickelte sich ständig weiter. Er sagte, ich hätte mit meinen 37 Jahren Lektionen gelernt, die manche Menschen ihr ganzes Leben lang nicht meistern. Dazu gehörte zum Beispiel die Fähigkeit, Dinge loszulassen und sich nicht mit unwichtigen Themen aufzuhalten. Ich hatte gelernt, mich nicht über Kleinigkeiten aufzuregen, und versuchte, konstruktiv im Augenblick zu leben. Das Sich-Sorgen schien eine sinnlose Last zu sein, genauso wie das ewige Nachgrübeln über die Vergangenheit. Mark hatte einmal gesagt: »Es ist in Ordnung, wenn du dir deine Vergangenheit ansiehst und aus ihr lernst; aber starr sie nicht zu lange an. Verabschiede dich irgendwann von ihr und geh weiter.«

Ich hatte es aufgegeben, langfristige Pläne zu machen. Ich wollte keine Energie mehr in Projekte oder Träume investieren, deren Erfüllung ich vielleicht nie erleben würde. Zwischen 1989 und 1994 hatte in mir allmählich eine Veränderung stattgefunden, und durch Cliff wurde sie mir bewusster. Ich hatte gelernt, mich immer nur auf den anstehenden Tag zu konzentrieren. Der Ausdruck »mit geborgter Zeit leben« traf auf mich auf jeden Fall zu und beeinflusste meine Lebensweise. Aber eigentlich leben wir alle mit geborgter Zeit, und diese Zeit ist alles, was wir haben. Mir wurde klar, dass Zeit für unser Leben etwas ganz Wesentliches ist, aber Menschen sind einfach Meister im Verdrängen. Aids und ein vom Tod gekennzeichnetes Lebensjahrzehnt hatten alle Verdrängungsversuche, an die ich mich vielleicht einmal geklammert hatte, hinweggefegt, und einen dankbareren Menschen aus mir gemacht. Voller Hoffnung sah ich dem Jahr 1995 entgegen.

Als meine Freundschaft zu Cliff enger wurde, stellte ich fest, dass ich in ihm jemanden hatte, auf den ich an besonders schwierigen Tagen bauen konnte. Cliff hielt mich für einen sehr starken Menschen und gab mir jeden Tag positive Impulse. Er sagte: »Du schaffst das. Ich weiß, dass du überleben wirst, Joel. Denk nur daran, was du schon alles überstanden hast.« Diese beruhigenden Worte gaben mir enorm viel Kraft, Trost und Mut.

Mark und Kelly starben Anfang des Jahres, und mich plagten weitere immunschwächebedingte Infektionen. Es war ein Segen, einen Freund zu haben, der mich unterstützte. Wir alle brauchen zu gewissen Zeiten Menschen, auf die wir uns verlassen können. Es kann ein großes Geschenk sein, einander offen und ehrlich zu sagen, wie wir den anderen sehen. Ein Schriftsteller – ich glaube, es war Voltaire – hat einmal gesagt: »Spiegel sind eine wertlose Erfindung; nur im Spiegel der Augen eines anderen kannst du dich so sehen, wie du wahrhaft bist.« Genau diese Spiegelung habe ich immer von Freunden bekommen, und dafür bin ich dankbar.

Obwohl Tony, Kelly und Mark starben, wurde 1995 für mich zu einem zunehmend positiven Jahr. Nachdem ich jahrelang mit Aids gelebt hatte, wurden meine schlechten Blutwerte fast wieder normal. Und Albert hielt sein Versprechen und nahm in den ersten sechs Monaten des Jahres sehr oft Verbindung zu mir auf. Ich dachte jahrelang über diese rätselhaften Erlebnisse nach, bevor ich beschloss, sie in einem Tagebuch festzuhalten.

Ein einzigartiges Erlebnis im Januar überzeugte mich davon, dass Albert nicht nur in Verbindung mit mir war, sondern regelrecht auf mich aufpasste.

Es war Samstagabend, und drei meiner neuen Nachbarn überredeten mich, eine Party zu besuchen. Ich hatte eigentlich keine Lust, ging dann aber trotzdem mit. Ich dachte, es würde mir gut tun, ein bisschen aus dem Haus zu kommen. Weil ich keinen Alkohol trinke, bot ich mich als Fahrer an.

Ich fuhr auf dem Santa Monica Boulevard Richtung Westen und näherte mich La Cienega, als ich spürte, wie Albert sagte: *Halt den Wagen an!* Es war ganz deutlich. Die Ampel an der nächsten Kreuzung stand auf Grün, aber ich trat auf die Bremse und brachte den Wagen abrupt zum Stehen. Meine Mitfahrer waren überrascht, ja verärgert. Drei Autos fuhren an uns vorbei und in den Kreuzungsbereich hinein, und aus der anderen Richtung raste ein schwerer Lkw heran und fuhr bei Rot über die Ampel. Der Unfall ereignete sich direkt vor uns; vier Fahrzeuge und der Lkw waren daran beteiligt. Eine Person wurde getötet. All das geschah so schnell, dass meine Mitfahrer unter Schock standen. Einer entschuldigte sich umgehend dafür, dass er so ungeduldig gewesen war. Er lobte meine Fahrkünste in den höchsten Tönen.

Sie dachten, ich hätte den Lkw kommen sehen. Aber das hatte ich nicht. Alberts Worte waren laut und deutlich in meinem Kopf gewesen, und sie hatten uns eine Verletzung oder Schlimmeres erspart. An diesem Abend sprach ich ihm in meinen Gebeten meinen Dank aus. Danach war ich nie mehr derselbe. Ich fühlte mich wohler, wenn Albert da war, ja geborgen, und war dankbar für seine Botschaften. Mehr denn je war ich davon überzeugt, dass sie real und wichtig waren. Ich dachte, ich täte gut daran, in Zukunft sorgfältig auf sie zu hören.

Mit der Zeit wurde es einfacher zu glauben, dass es wirklich ein Leben nach dem Tod gibt. Meine starke Skepsis verging, und ich stellte eine neue Hypothese auf: Nach dem Tod werden wir einige der Menschen, die wir wirklich lieben, »sehen« können.

Dr. Brian Weiss stellt in seinem Buch *Inkarnation der Liebe* die These auf, dass eine Gruppe von Seelen sich zusammen reinkarniert. Manche Menschen, denen wir nahe stehen, beschließen auf irgendeiner »höheren« Ebene, das nächste Leben mit uns zusammen zu leben. Unsere Beziehungen verändern sich, aber wir sehen uns wieder. Ich gewann die Überzeugung, dass das erste Licht, das wir nach dem Tod sehen, die Seele eines geliebten Menschen ist. Dieser einzelne Lichtblitz führt uns zu einem helleren Licht, der Ansammlung vieler Seelen.

Meine Gesundheit besserte sich von Monat zu Monat. Durch die Entdeckung der Proteasehemmer hatte der Tod seine Macht über mich verloren und in seinem Gefolge andere Geschenke hinterlassen, die ich bald entdecken sollte. Es entstanden Beziehungen zu neuen Freunden, und die Beziehungen zu alten Freunden vertieften sich. Ich war nicht mehr einsam; ich hatte sogar wieder ein bescheidenes geselliges Leben. Viele Leute machten Bemerkungen, wie gesund ich aussah. Andere sagten, ich hätte eine Klarheit an mir, die sie vorher nicht gesehen hatten. All das hatte ich nicht erwartet. Meine Ärzte hatten 1990 meinen Tod vorhergesagt. Ich selbst hatte 1994 meinen Tod vorausgesagt. Beide Jahre waren gekommen und gegangen, und das Leben hatte sich geändert.

Ich gewann die Überzeugung, dass auch andere Menschen geliebte Menschen haben, die nicht mehr am Leben sind und über sie wachen. Es schien logisch. Die Annahme, nur ich machte solche Erfahrungen, wäre tatsächlich ziemlich eitel.

In den Jahren vor meiner Krankheit hatte ich mich bemüht, jeden Tag mindestens eine gute Tat zu tun, möglichst sogar mehrere. Als die Krankheit mich schwächte, ging ich weniger nach draußen und hatte weniger Zeit für andere. Ich brauchte meine Energie für meine Heilung. Jetzt, da ich mich besser fühlte, hatte ich wieder mehr Zeit; ich wurde aktiver und ging mehr aus dem Haus. Ich fing wieder an, das Leben zu genießen, und das Leben verlief leichter als je zuvor. Ich konnte anderen wieder behilflich sein, und diese Gefälligkeiten bereicherten mein Leben.

Einmal kontaktierte Albert mich bei meiner täglichen guten Tat. Es war ein kühler, winterlicher Tag, und als ich nach Hause fuhr, sah ich eine ältere Frau, die mit einem schwer beladenen Einkaufswagen kämpfte. Sie versuchte, ihn einen Abhang hinauf auf eine Auffahrt zu schieben, die zu einem Wohnkomplex führte. Es sah aus, als würde der Wagen mehr wiegen als die Frau; sie war ziemlich gebrechlich. Sie bemühte sich, einen Schritt vorwärts zu machen, und stolperte dann wieder zurück. Ich hatte das Gefühl, ihr helfen zu müssen.

Ich fuhr das Auto an den Straßenrand, stieg aus und fragte sie, ob ich ihr helfen könnte. Sie war sehr froh, und kurze Zeit später lud ich in Alices Küche Lebensmittel aus. Ich musste ihr nahe legen, in Zukunft vorsichtiger zu sein und nicht jeden in ihre Wohnung zu lassen. Sie schien sich überhaupt keine Sorgen zu machen. Es war erfrischend.

Sie bot mir Schwarzen-Johannisbeer-Tee an – einer meiner Lieblingstees –, und wir setzten uns hin und tranken Tee und unterhielten uns fast zwei Stunden lang. Während sie sprach, studierte ich ihr Gesicht. Ich fragte mich, wie alt sie wohl sein mochte. Sie hatte viele Falten – ich schätzte sie auf Ende achtzig.

Als wir so dasaßen, spürte ich eine andere Seele, die über sie wachte, und dann spürte ich ganz stark Alberts Gegenwart. Das Gefühl ist nicht immer gleich stark. Diesmal spürte ich ihn ganz intensiv. Aber da war noch etwas anderes; ich spürte ganz klar eine weitere Seele.

Ich stimmte mich auf Alberts Botschaft ein: Er sagte mir, dass diese Frau einen älteren Bruder hatte, der gestorben war. In Anbetracht des Alters von Alice war es nicht ungewöhnlich, dass ihre Geschwister tot waren, aber durch diese Botschaft wusste ich, dass ihr Bruder die Seele war, die über sie wachte. Ich fragte sie, ob sie einen älteren Bruder hätte. Sie erzählte mir von ihm, und dabei wurde deutlich, dass sie sich sehr gemocht hatten. Sie lächelte. Ihr Gesicht wurde glatter, als sie von ihm sprach.

Als sie mit der Geschichte über ihren Bruder fertig war,

fragte sie mich, warum ich nach ihm gefragt hatte. Ich sagte ihr, ich hätte das Gefühl, dass er auf sie wartete und bei ihrem Tod ihr »erstes Licht« sein würde. Sie glaubte nicht an ein Leben nach dem Tod. Die Falten in ihrem Gesicht wurden wieder deutlicher. Die Vorstellung gefiel ihr, sagte sie, aber sie war skeptisch.

Bevor ich ging, sagte ich ihr, dass ich sicher sei, dass sie ihren Bruder wieder sehen würde. Ich spürte, dass die Begegnung uns beiden etwas gebracht hatte. Ich zweifelte nun nicht mehr daran, dass auch andere Menschen von den Seelen geliebter Menschen umgeben sind, und Alice sah dem Tod jetzt vielleicht mit ein bisschen Hoffnung entgegen.

Mir wurde klarer, dass die Fähigkeit, Seelen zu spüren, ein Privileg war, das Albert mir gegeben hatte. Ich empfand große Dankbarkeit und konnte auch seinen Selbstmord besser akzeptieren. Durch seinen Tod und den Kontakt, den er in der ersten Nacht zu mir hergestellt hatte, hatte ich gelernt, solche Botschaften zu spüren oder zu hören. Die Intensität jener Nacht hatte mir eine neue Art von Klarheit beschert – ohne sie hätte ich diese anderen Seelen nicht wahrnehmen können. Mir war eine erstaunliche Gabe verliehen worden.

In den folgenden Monaten hatte ich weitere intensive mediale Erlebnisse. Einige dieser Erfahrungen erschöpften mich. Sie forderten mich sehr, auch wenn ich es nicht für wichtig halte, zu viel über meine Gefühle oder Reaktionen auf die Erlebnisse zu schreiben. Welche Wirkung meine medialen Wahrnehmungen auf die Menschen hatten, denen ich sie mitteilte, weiß ich nicht. Es ist wichtig, die Ereignisse so zu beschreiben, wie sie passiert sind, und ich hoffe, dass ihre Wiedergabe denselben Schneeballeffekt hat wie die Gefälligkeiten, die wir einander erweisen.

Wenn ich über mein Leben nachdenke, habe ich manchmal das Gefühl, als hätte die Zeit früher gegen mich gearbeitet. Jede Chance, die das Leben mir gewährte, musste ich mir hart erarbeiten. Aids überleben war ein ziemlicher Kampf. Aber nach Alberts Tod wurde mein Leben immer einfacher, und vielleicht waren diese Jahre die einfachsten meines Lebens. Alles schien reibungsloser zu klappen als vorher. Ich war immer zur genau richtigen Zeit am genau richtigen Ort. Auch geschäftliche Transaktionen waren einfacher, und seitdem haben sich mir viele Chancen geboten, ohne dass ich mich anstrengen musste. Ich kann es kaum begreifen, aber ich habe das Gefühl, dass Albert dieses sanfte Dahinfließen meines Lebens lenkt.

Zwischen Januar 1995 und Juli 1996 hatte ich mehrere mediale Begegnungen. Drei von ihnen möchte ich hier beschreiben.

Im Januar 1995 hatte ich zum ersten Mal seit Jahren das Gefühl, zu viel Gewicht zugelegt zu haben und regelrecht dick zu werden. Für das neue Jahr fasste ich den Entschluss, regelmäßig Sport zu treiben. Ich hatte das ehrgeizige Ziel, an sechs Tagen in der Woche 30 Minuten täglich auf dem Stepper zu trainieren. Ich ging wieder in den Athletic Club, und zwar nachmittags, weil es da nicht so voll war. Gegen die Langeweile nahm ich immer eine Kassette oder ein gutes Buch mit. Obwohl ich Bodybuilding gemacht habe, hat das stupide Trainieren mir nie gefallen.

Als ich eines Nachmittags meine Übungen absolvierte, ging ein junger Mann an mir vorbei zu dem Trinkwasserspender in meiner Nähe. Er war nicht besonders interessant, eher nichts sagend, und trotzdem fühlte ich mich zu ihm hingezogen. Ich hatte ihn vorher noch nie im Fitnessstudio gesehen.

Ich fühlte eine starke Verbindung zu Albert und spürte um

diesen Mann herum eine andere Seele. Dieses Mal sprach die Seele direkt zu mir. Es war laut und intensiv, so ähnlich wie Albert in der Nacht, als er gestorben war. Die Botschaft dieser Seele bestand aus vier Worten, die ich dem Fremden mitteilen sollte.

Nun hatte ich nicht vor, mitten im Training aufzuhören und einem Fremden eine Botschaft zu überbringen – er würde mich für verrückt halten. Ich machte noch ungefähr fünf Minuten an dem Gerät weiter, aber Albert bestand darauf, dass ich aufhören und diese einfache Botschaft mit ihren vier Worten überbringen sollte. Ich ignorierte Albert und setzte mein Training fort.

Nach etwa zehn Minuten ging der Mann wieder an mir vorbei, und unsere Augen begegneten sich. Er hatte seine Sporttasche aus dem Umkleideraum geholt und wollte gehen. Ich war hin- und hergerissen: Sollte ich es ihm sagen oder nicht? Dann hörte die innere Diskussion auf, ich stieg vom Stepper und ging widerwillig auf den Mann zu. Ich sprach, ohne zu überlegen.

»Glauben Sie an mediale Phänomene?«, fragte ich.

»Ich habe mich noch nicht damit beschäftigt«, sagte er. Bei diesen Worten gab sein »Schutzengel« mir ganz klar und fast augenblicklich verschiedene Informationen. Er sagte mir, er wäre an Aids gestorben, Designer für Fernsehsendungen und zu Lebzeiten eher schmächtig gewesen.

»Ich glaube, jeder hat gewisse mediale Fähigkeiten«, sagte ich. »Ich habe Ihnen eine Botschaft von einem Freund von Ihnen zu überbringen, der gestorben ist. Er war Designer für Fernsehsendungen, ein eher schmächtiger Mann. Er ist an Aids gestorben.«

Der Mann verharrte wie angewurzelt. Tränen traten in seine Augen.

»Das war mein Lover, Bob... Gestern hat sein Todestag sich zum ersten Mal gejährt. Sie brauchen mir nicht zu sagen, wie die Botschaft lautet. Ich kann es Ihnen sagen. Gestern Nacht habe ich mich in den Schlaf geweint. Fast die ganze Nacht habe ich gebetet und geweint. Immer wieder habe ich gesagt: ›Kannst du mich hören, Bob? Kannst du mich hören?‹«

Wir standen da und sahen uns an.

»Also los«, sagte er. »Sagen Sie mir, wie die Botschaft heißt.«

Ich kann dich hören, das waren die vier Worte der Botschaft. Wir umarmten uns und weinten beide.

Seitdem sind wir uns verschiedentlich begegnet, und jedes Mal begrüßt David mich mit einem herzlichen Lächeln. Ich war auf Erfahrungen mit völlig Fremden nicht vorbereitet, und das war das zweite Mal, dass es passierte. Für die anderen schienen diese Begegnungen irgendwie hilfreich zu sein, aber ich wusste nicht genau, wie ich reagieren oder was ich mit dieser Gabe anfangen sollte. Und ich kannte niemanden, der mir diese Frage beantworten konnte.

Die Erlebnisse ließen sich nicht erzwingen; ich konnte sie nicht willentlich herbeiführen, und sie passierten auch nicht dann, wenn ich sie erwartete. Sie ergaben sich auf ihre Weise und hatten ihren eigenen Zeitplan.

Obwohl das Erlebnis mit David damals ziemlich intensiv war, verblasste seine Wirkung in den folgenden Tagen. Das nächste Erlebnis allerdings war zu stark, als dass ich es je vergessen könnte.

In den ersten Wochen in meiner neuen Wohnung machte ich es mir zum Prinzip, zu meinen neuen Nachbarn und den Angestellten der Wohnanlage möglichst freundlich zu sein.

Es waren nur wenige Angestellte, und ich wusste, dass ich sie lange Zeit täglich sehen würde.

Eine junge, spanischblütige Amerikanerin namens Carmen arbeitete am Empfangstresen. Sie schien in ihrer eigenen Welt zu leben. Sie war nicht direkt grob, aber man konnte auch nicht sagen, dass sie besonders freundlich war. Sie verhielt sich jedem gegenüber sehr distanziert. Fast jeden Nachmittag sagte ich ihr hallo und machte ihr irgendein Kompliment. Sie reagierte selten, aber ich machte weiter, Woche für Woche. Ich wusste nicht genau, warum es so wichtig schien, mich besonders anzustrengen, aber ich tat es.

Als ich eines Nachmittags das Gebäude verließ, ging ich an ihrem Tresen vorbei und machte ihr ein Kompliment über ihre Frisur und ihren Pulli. Aber irgendetwas war anders – ich spürte die Anwesenheit der Seele eines Verstorbenen, die zu mir »sprach« und mit mir kommunizieren wollte. Ich konnte die Botschaft und die Worte klar und deutlich spüren. Das Geistwesen beschrieb sich, wie es während des Lebens auf dieser Erde ausgesehen hatte, und sagte, es hätte eine dringende Botschaft für Carmen.

Nun kannte ich Carmen kaum, und ich hatte Angst, ihr so etwas zu sagen. Ich fürchtete für meinen guten Ruf – wenn ich diese Dinge mitteilte, könnte jeder in der Wohnanlage, auch Carmen, mich für übergeschnappt halten. Die Leute in solchen Anlagen tratschen gerne. Eine solche Botschaft wäre Grund genug für Geschichten, die das Leben dort sehr unangenehm machen konnten.

Ich ging zur Bibliothek, wo ich etwas nachsehen wollte, spürte aber weiter die Anwesenheit dieser Seele, die mich bat, zurückzugehen und Carmen die Botschaft zu überbringen. Ein Teil der Botschaft war, dass ihre Schwägerin schwanger war, und deshalb beschloss ich, Carmen einfach anzusprechen und sie zu fragen, ob sie eine Schwägerin hätte, die schwanger war. Wenn sie Nein sagte, würde ich die Sache nicht weiterverfolgen. Wenn sie Ja sagte, hätte ich vielleicht den Mut, mich von der Seele leiten zu lassen. Ich gab meine Pläne für das Abendessen auf und ging in das Gebäude zurück. Die Lobby war leer, bis auf Carmen.

»Schon zurück?«, sagte sie.

»Ja, ich habe etwas vergessen ... Übrigens, haben Sie eine Schwägerin, die schwanger ist?«

Sie kniff die Lippen zusammen und starrte mich aus dunklen Augen an. Sie war verwirrt, gleichzeitig aber auch neugierig. »Woher zum Teufel wissen Sie das?«

Ich machte einen langen, tiefen Atemzug. »Ich hatte das, was Sie wahrscheinlich eine mediale Erfahrung nennen würden. Die Seele eines Verstorbenen hat es mir gesagt.«

»Hat jemand Ihnen einen Tipp gegeben? Machen Sie sich über mich lustig? Echt, woher zum Teufel wissen Sie das?«

Ich wiederholte die detaillierte Beschreibung, die das Geistwesen mir gegeben hatte. Carmen identifizierte es als die Tante, die sie großgezogen hatte und vor ein paar Jahren gestorben war. Carmen war verlegen und ein wenig traurig, sie bekannte, dass ihre Schwägerin tatsächlich schwanger war, bis jetzt aber niemand außer ihr davon wusste. Die Schwägerin hatte ihren Mann betrogen, und jetzt befürchtete sie, dass das Baby nicht von ihm war. Sie hatte es erst gestern Abend Carmen unter vier Augen gebeichtet. Jetzt war sie krank vor Angst und überlegte, ob sie das Kind nicht abtreiben sollte.

Ich gab die Botschaft weiter: Das Baby war von ihrem Mann, Carmens Bruder. Eine Abtreibung war nicht nötig. Dieses Kind war wichtig. Die Seele der verstorbenen Tante wachte über Carmen und das Baby, und es gab keinen Grund zur Besorgnis. Carmen wäre bald von ihrer großen Angst befreit.

Dann enthüllte das Geistwesen ein paar persönliche Dinge über Carmens Kindheit, die ich ihr erzählte. Die Informationen hatten für mich keine Bedeutung, schienen für sie aber wichtig zu sein.

Von da an hatten Carmen und ich eine angenehme, freundschaftliche Beziehung. In den folgenden Tagen schien sie beschwingter, und ich war froh, dass ich das, was ich wusste, an sie weitergegeben hatte.

Danach beschäftigte ich mich noch eine ganze Zeit lang mit meiner neuen Botenrolle. Ich hinterfragte sie logisch und emotional. Ich prüfte, wie es sich körperlich anfühlte, diese Zeichen zu bekommen. Die Empfindungen waren sehr präzise. Ich erinnerte mich daran, dass ich sie schon einmal gehabt hatte, als ich als zehnjähriges Kind mit dem Bus unterwegs gewesen war. Im Bus war eine Frau, und eine Stimme – eine Empfindung – sagte mir, dass sie litt und dringend Hilfe brauchte. Ich wollte sie trösten, aber es war mir verboten, mit Fremden zu sprechen.

Ich hatte noch ein paar andere solcher intuitiven Eingebungen, aber als ich älter wurde, fing ich an, sie anzuzweifeln,und schließlich verdrängte ich sie ganz. Ich glaube, dass jeder gewisse mediale Fähigkeiten hat – ich war bestimmt nicht der Einzige, der solche Erlebnisse hatte. Vielleicht ist die Fähigkeit, diese Dinge wahrzunehmen, in der Kindheit stärker ausgeprägt, und wenn wir älter werden, verlieren wir den Kontakt zu ihr. Die Welt lehrt uns, solchen Ereignissen zu misstrauen.

Als ich siebzehn war, das heißt noch nicht volljährig, ging ich mit meinem Freund Robert Cohen zum Hunderennen.

Ich gewann jede Wette, die ich platzierte – viermal am ersten Tag. Am zweiten und dritten Tag gingen wir wieder hin, und wieder gewann ich. Ich weiß nicht, warum ich danach nicht mehr hingegangen bin. Wahrscheinlich hatte ich Angst, dass meine Eltern herausfinden würden, was ich so trieb, und meine Sünden entdecken würden. Ich hielt die Gewinne für eine Glückssträhne. Seitdem habe ich nicht mehr gewettet, aber ich erinnere mich daran, dass damals die Startnummern der Gewinner in mir aufblitzten. Diese Empfindungen hatten bestimmte Ähnlichkeiten mit dem, was jetzt passierte, auch wenn die Situation ganz anders war.

Mit all diesen Vorfällen – Carmen, David, Alice, dem Auffinden von Alberts Notiz, seinen nachfolgenden Botschaften an mich – war ein ähnliches Gefühl verbunden. Es war, als würde ich in die Arme genommen und gewiegt. Mir wurde dabei körperlich warm, und anschließend hatte ich mehr Hoffnung. Obwohl ich immer noch Bedenken hatte, diese Dinge mit anderen zu besprechen, lernte ich, mich für die Botschaften zu öffnen.

Cliff war der einzige Mensch, dem ich meine medialen Erlebnisse problemlos mitteilen konnte, und unsere Freundschaft wuchs weiter. Wir hatten lange, schöne Gespräche über meine Erfahrungen, und auch über seine faszinierende Karriere als Fotograf. Er half mir immer wieder, meine Stärken zu sehen.

Im Februar wurde Cliff Zeuge eines Kontakts zu Albert, der für uns beide außergewöhnlich war. Wir aßen im *Votre Santé* zu Mittag, einem Restaurant auf der LaBrea Avenue. Cliff hatte gerade Brad Pitt fotografiert, und ich fragte ihn danach und nach anderen Fotoshootings mit berühmten

Leuten. Er sprach nicht gern darüber und lenkte die Unterhaltung immer wieder auf mich und mein Leben zurück.

Ich begann, ihm meine medialen Erfahrungen in allen Einzelheiten zu beschreiben, und sagte ihm, dass ich über diese Dinge nicht besonders glücklich wäre. Ich hatte das Gefühl, als würden sie mir aufgedrängt, und ich wusste nicht genau, weshalb. Cliff hörte begeistert zu und ermunterte mich, anderen von ihnen zu erzählen. Ich wusste nicht genau, ob das irgendwie nützlich sein könnte. Auch heute noch stehe ich dem allem mit sehr gemischten Gefühlen gegenüber. Erstens glaube ich nicht, dass es notwendig ist, die Zukunft zu kennen. Das Leben und unser individuelles Schicksal entwickeln sich nach ihrem eigenen Plan und in ihrem eigenen Tempo. Aber Cliff meinte, es könnte vielleicht einmal wichtig sein, diese Erlebnisse mitzuteilen. Er sagte, unter Umständen wären sie für manche Leute wertvoll und vielleicht wäre es auch ein notwendiger Schritt in meiner Entwicklung. Ich sagte ihm, ich würde darüber nachdenken. Die Worte unserer Freunde sind oft Botschaften des Universums.

Gegen Ende der Mahlzeit spürte ich Alberts Gegenwart, und außerdem die Anwesenheit einer anderen Seele, die versuchte, Ereignisse mitzuteilen, die ich effektiv spüren konnte – schmerzliche Ereignisse. Es war, als ob ein Teil von mir den Tod dieses Menschen wieder erleben würde. Instinktiv wusste ich, dass die Botschaft für Cliff war, und sagte ihm, was ich spürte. Er ermunterte mich, ihm alles zu erzählen, was ich innerlich sah und hörte.

Ich beschrieb diesen Menschen, und zum ersten Mal bezeichnete ich Cliff als Clifford. Er saß still da, und dann wurde er sentimental und wollte das Restaurant verlassen. Die Erfahrung war intensiv und hatte mich erschöpft, und deshalb stimmte ich seinem Vorschlag zu.

Wir gingen in Cliffs große, helle Wohnung und ließen uns in zwei bequemen Sesseln nieder. Cliff gab zu, dass er genau wusste, wen ich beschrieben hatte, und bat mich, fortzufahren. Ich spürte die Seele wieder und hörte die folgenden Worte:

Clifford, ich liebe dich. Ich danke dir so sehr, dass du gekommen bist. Danke, dass du hier bist. Ich wollte dir das unbedingt sagen. Ich musste dir das sagen. Ich habe darauf gewartet, dass du kommst. Clifford, ich liebe dich, und ich werde dich immer lieben. Ich habe keine Schmerzen mehr. Danke, dass du gekommen bist.

Ich war sehr müde. Die Erfahrung hatte mich überwältigt. Cliff dagegen schien entspannt und erleichtert. Ein Kunde von ihm sollte bald kommen, und er bot mir sein Gästezimmer an, damit ich ein kurzes Nickerchen machen konnte. Ich schlief etwa eine Stunde, und als ich aufwachte, war der weiße Raum voller Sonne, und ich hatte das Gefühl, meine Batterien wieder aufgeladen zu haben. Ich konnte Cliff im anderen Zimmer hören; er redete noch mit dem Kunden. Ich wartete, bis sie fertig waren, und ging dann zu Cliff ins Arbeitszimmer.

Er sagte mir, ich hätte seinen Freund Al beschrieben, der vor ein paar Jahren gestorben war. Ich war ihm nie begegnet, und Cliff hatte ihn nie erwähnt. Al war aus Nordkalifornien, und sie waren über 15 Jahre lang befreundet gewesen. Al hatte Aids bekommen; das Virus war bei ihm besonders bösartig. Seine Gesundheit verschlechterte sich rapide. Cliff arbeitete damals in New York und hatte von einem gemeinsamen Freund erfahren, dass Al nicht mehr lange leben würde. Cliff beeilte sich, New York zu verlassen, um bei Al zu sein.

Schon vor seiner Ankunft war Al im Delirium gewesen, und als Cliff eintraf, lag er im Koma. Die Krankenschwester sagte Cliff, Al hätte zwei Tage lang den Namen Clifford geschrien. In Als letzten Stunden saß Cliff neben ihm, hielt seine Hand und verabschiedete sich von ihm. Obwohl Al im Koma vor sich hin redete, konnte er nicht mehr kommunizieren.

Cliff sagte mir, die Beschreibung sei absolut korrekt gewesen, und erwähnte, dass das Lied *That's What Friends Are For* im Restaurant lief, als unser Gespräch begann. Es war ein Lied, das er und Al oft zusammen gehört hatten und das für sie so etwas wie ein Motto war. Cliff war immer ein spiritueller Mensch gewesen, und dieses Erlebnis bestätigte Überzeugungen, die er sowieso schon hatte. Ich hatte ihm Als letzte Worte mitgeteilt.

Mir wurde klarer, dass es wichtig ist, solche Erfahrungen mitzuteilen, und ich begann die Möglichkeit zu erwägen, sie zu Papier zu bringen.

8. KAPITEL

Weitere Signale

Irgendwann nach der Erfahrung mit Cliff hatte ich eine andere Begegnung, die fast genauso intensiv war wie der erste Kontakt zu Albert.

Eines Samstagabends luden zwei Freunde mich ein, mit ihnen einen lokalen Nachtklub zu besuchen. Aber die Musik war für eine sinnvolle Unterhaltung zu laut, und ich wollte dem Krach und der düsteren Atmosphäre entkommen. Ich ging zum Eingang und fing an, mit dem Mann an der Garderobe zu reden. Er hieß Michael Herbertson, und obwohl wir uns nicht kannten, empfand ich es als sehr viel angenehmer, mit ihm draußen zu sein als drinnen im Klub. Er schien zerstreut, nahm aber meine Gesellschaft gerne an, und so saßen wir in dem kleinen Raum, der nicht viel größer war als eine Besenkammer.

Michael fing an, mir von einer unglücklichen Beziehung zu erzählen, in der er gerade war, und dann spürte ich ganz klar Alberts Gegenwart. Gleichzeitig spürte ich die Anwesenheit von Michaels Mutter, und dass sie gerade gestorben war. Ihre Anwesenheit war ganz eindeutig; im Gegensatz zu meinen Erfahrungen mit Carmen, Cliff und David gab sie mir eine Botschaft speziell für mich und eine für Michael.

Ich zögerte; ich wollte Michael keinen Schrecken einjagen. Ich fragte ihn, was er von medialen Phänomenen hielte, und er sagte, er stünde solchen Dingen sehr offen gegenüber. Als ich nervös fragte, ob seine Mutter vor kurzem gestorben wäre, fing er sofort an zu weinen, und ich hatte Angst, mehr zu sagen. Sie war gerade erst zwei Tage tot.

Aber er schien aufnahmebereit zu sein, und ich wusste, dass er die Botschaft brauchte; also erzählte ich ihm von den Erlebnissen, die ich gehabt hatte. Ich erzählte ihm, dass sie kurz nach Alberts Tod angefangen hatten, dass ich keinesfalls ein professionelles Medium wäre und eigentlich ziemlich wenig Erfahrung mit diesen Dingen hatte. Ich sagte ihm, dass ich Seelen um andere Menschen herum gespürt hatte und dass sie offenbar so etwas wie Schutzengel für sie waren. Ich sagte, dass ich manchmal einfach wüsste, dass sie da wären, und dass sie manchmal auch mit mir kommunizierten. Ich sagte ihm, dass ich jetzt seine Mutter spürte.

»Bitte sagen Sie, was sie mir mitteilen möchte«, bat er. Also fing ich an.

Michael, ich bin's, Mama. Ich hab dich sehr lieb. Ich weiß, dass du mich sehr lieb gehabt hast. Du brauchst es mir nicht zu sagen. Ich weiß, wie sehr du dich von mir verabschieden und mich in den Armen halten wolltest. Ich bin immer bei dir. Vergib deinem Stiefvater, dass er dir nicht gesagt hat, dass ich im Sterben liege. Vergib ihm, dass er das, was mir gehört hat, nicht mit dir geteilt hat. Ich weiß, dass du etwas davon wolltest, damit du etwas hast, an das du dich halten kannst. Aber ich bin immer bei dir. Ich hab dich immer im Blick. Ich hab dich lieb, mein Kleiner. In deinem Herzen wirst du mich finden. Ich habe dich nie verlassen. Ich werde dein ganzes Leben in deiner Nähe sein. Ich werde dein Licht in der Finsternis sein.

Michael und ich saßen ein paar Augenblicke still zwischen den Mänteln; wir waren in unserer eigenen kleinen Welt. Seine Gesichtszüge waren weich, seine Wangen nass vor Tränen.

Gleich darauf sprach sie wieder, diesmal zu mir.

Joel, wir sind von unseren Kindern genauso wenig getrennt wie von allen anderen Menschen. Einige von uns wollen ihren Kindern unbedingt die Lektionen weitergeben, die wir in unserem eigenen Leben gelernt haben. Wir haben Angst, dass wir von unseren Kindern getrennt werden, wenn wir sterben. Wir wollen ihnen unbedingt das geben, was uns gefehlt hat, und ihnen vermitteln, was wir gelernt haben. Aber niemand wird von seinen Kindern getrennt. Die Wege von Eltern und Kindern kreuzen sich immer wieder. Diese Beziehungen setzen sich in alle Ewigkeit fort. Eltern und Kinder sind aneinander gebunden und wiederholen diese Beziehungen in unterschiedlichen Rollen.

Du wirst an andere weitergeben, was du jetzt lernst. Manche wirst du erreichen, und sie werden wieder andere erreichen. Diese kleinen Schritte führen uns alle zu einem höheren Bewusstsein. Von da, wo du bist, sieht es so aus, als wäre die Entwicklung recht langsam. Aber es gibt sie. Die Tatsache, dass du diese Entwicklung jetzt sehen kannst, ist ein Geschenk. Menschen, die sie zu Lebzeiten sehen, haben ein großes Geschenk erhalten. Es ist eine Folge ihres Leidens und ihrer Arbeit in der Vergangenheit. Dieses übergeordnete Gute entwickelt sich über viele Leben.

Dann sprach sie wieder zu Michael.

Michael, ich werde dir immer wieder Signale geben.

Michael sagte: »Und was ist, wenn ich dich nicht erkenne?«

Dann werde ich dir wieder Signale geben. Such die Antworten in dir.

Dann war sie weg. Wir waren eine Zeit lang still, und dann umarmten wir uns. Wir weinten beide. Für die vorübergehenden Besucher muss es ein merkwürdiger Anblick gewesen sein – Michael ist fast zwei Meter groß, und ich bin 1 Meter 65.

Michael erzählte mir, seine Mutter wäre an Krebs gestorben und sein Stiefvater hätte ihm nicht gesagt, dass sie im Sterben lag. Sein Stiefvater hatte außerdem die meisten Besitztümer seiner Mutter kurz vor ihrem Tod verkauft, und Michael hatte nichts Greifbares, das ihn an sie erinnerte.

Die Begegnung hatte ihn elektrisiert, und mich genauso. Wir hatten mehr Energie. Nach diesem Abend bin ich ihm noch ein halbes Dutzend Mal begegnet, und die gemeinsame Erfahrung verbindet uns noch immer. Michael hat seitdem im Leben Karriere gemacht. Er ist ein erfolgreicher Nachtklubbesitzer und Drehbuchautor geworden. Er hat eine glückliche Beziehung. Bei jeder Begegnung erzählt er mir, dass er das Gefühl hat, gesegnet zu sein, und dass er weiß, dass die Liebe seiner Mutter ihn vom Jenseits her genauso leitet wie zu ihren Lebzeiten. Er erzählte mir, sie hätte ihm im Lauf der Jahre viele Signale gegeben, und der damalige Abend im Klub hätte ein schmerzliches Ereignis in eine wunderschöne Erfahrung verwandelt.

Direkt nach dieser Erfahrung mit Michael fing ich auf Drängen von Ed Foley und Sharon damit an, ein Tagebuch zu führen. Ich begann außerdem, die Geschichten anderen mitzuteilen.

Im März 1995 traf ich im Fitness-Studio zufällig einen alten Bekannten wieder, Mark Hines. Er begrüßte mich herzlich und verständnisvoll und sagte mir, ich sähe gesünder und nicht mehr so traurig aus wie vorher. Er entschuldigte sich dafür, dass er nicht gewusst hatte, was er sagen sollte, als er von Alberts Selbstmord hörte; er sagte, ich hätte so fertig ausgesehen, dass er nicht wusste, wie er mich trösten sollte. Er sagte, er wüsste, wie nah Albert und ich uns gestanden hätten. Ich war dankbar für seine freundlichen Worte und die einfühlsame Erwähnung meines Verlustes. Seit Alberts Tod waren fast neun Monate vergangen, und inzwischen schienen die Leute meine Trauer nicht mehr so zur Kenntnis zu nehmen. Tatsächlich ist es jedoch oft so, dass wir unsere Verluste auch dann noch stark empfinden, wenn die Unterstützung durch Freunde und Familienangehörige nachzulassen beginnt. Deshalb kann es besonders hilfreich sein, wenn wir diese Unterstützung auch noch lange nach dem Verlust bekommen. Ich jedenfalls war dankbar für diese einfache, freundliche Geste.

Ich dankte Mark dafür, dass er so aufmerksam war, diese Dinge so lange nach Alberts Tod zu erwähnen. Wir verabschiedeten uns, und ich wendete mich wieder meinem Training zu. Augenblicke später spürte ich die Anwesenheit einer verstorbenen Seele; sie wollte mit Mark kommunizieren. Und da war eine zweite, klar erkennbare Seele. Die eine war die einer alten Frau, die andere die eines kleinen Mädchens.

Ich wusste sofort, dass das Mädchen vier Jahre alt und bei

einem Unfall gestorben war. Ich dachte, das, was es zu sagen hätte, würde Mark vielleicht trösten, und deshalb ging ich los und suchte ihn; als ich ihn gefunden hatte, fragte ich ihn, ob wir uns unter vier Augen im Restaurant unterhalten könnten.

Ich erzählte ihm, dass ich seit Alberts Tod ein paar ungewöhnliche Erlebnisse gehabt hatte, und fragte ihn, ob er es für möglich hielte, dass jemand der Seele eines Verstorbenen begegnet. Er lehnte kategorisch ab – er war katholisch, und so etwas war eindeutig nicht Teil seiner Glaubenswelt. Ich hörte seiner Antwort jedoch nur halb zu und fing mit unbekümmerter Begeisterung an, ihm zu erzählen, ich könnte zwei Seelen spüren, die über ihn wachten – eine ältere Frau, vielleicht seine Großmutter, und ein vierjähriges Kind, das bei einem Unfall ums Leben gekommen war.

Mark war sehr still und erzählte mir dann, dass seine kleine Schwester im Alter von vier Jahren bei einem Autounfall gestorben war. Er sah mich kalt und misstrauisch an – das hatte ich nicht erwartet. Ich murmelte noch, sie würden immer bei ihm sein und seine Schwester sei gut aufgehoben und bei seiner Großmutter. Es war offensichtlich, dass Mark das Gespräch beenden wollte. In den folgenden Monaten blieb er auf Distanz.

Ich lernte durch diese Begegnungen noch etwas anderes: Es ist nicht immer notwendig, diese Erlebnisse mitzuteilen. In manchen Fällen ist es tatsächlich besser, es nicht zu tun.

In den folgenden Monaten hatte ich verschiedene ähnliche Erfahrungen. Ich teilte sie nur drei Menschen mit und war jedes Mal vorsichtig. Aber diese drei freuten sich darüber.

Ein paar Jahre vor Alberts Tod hatte man mich für einen BBC-Film interviewt. Ein Bekannter und Nachbar, Dr. Simon Levey, war Wissenschaftler und erregte mit seiner Arbeit über die Genetik der menschlichen Sexualität ziemlich viel Aufmerksamkeit. Als er mehrere Freiwillige suchte, die bereit waren, sich über das Heranwachsen als Schwuler interviewen zu lassen, nahm ich die Gelegenheit dankbar an. Der Film wurde später auch von PBS gesendet, und Simon bekam einen Anruf von einem Freund, der mich in diesem Film gesehen hatte. Er wollte mich kennen lernen und bat Simon, ein Date zu arrangieren. Simon nahm wohl an, dass die Chemie zwischen uns stimmen würde. Der Mann hieß Xavier Carrica.

Wir gingen abends essen, und seine Gesellschaft war mir angenehm, aber aus verschiedenen Gründen wusste ich, dass die Beziehung sich nie zu mehr als einer Freundschaft entwickeln würde. Es war nicht so, dass wir uns unsympathisch waren, aber wir waren einfach sehr verschieden. Trotzdem freute ich mich über einen neuen Freund. Wir verabredeten uns noch dreimal im Lauf des nächsten Monats, dann wurde der Kontakt immer spärlicher. Im März 1995 traf ich ihn zufällig in Pavillons Lebensmittelmarkt. Wir erzählten uns, was in unserem Leben los war; meine medialen Erlebnisse erwähnte ich dabei nicht. Wir tauschten unsere Telefonnummern aus und machten Pläne, in der nächsten Woche zusammen ins Fitness-Studio zu gehen.

Als ich später an diesem Abend kurz vor dem Einschlafen war, spürte ich die Gegenwart einer anderen Seele. Es war das erste Mal, dass ich nicht Albert, sondern eine andere Seele spürte, wenn ich allein war. Es war Xaviers Großmutter. Sie ließ ein fast fotografisch deutliches Bild von sich in meinem Kopf aufblitzen. Sie trug ein schwarzweißes Kleid mit einem

Kreuzstich-Blumenmuster. Die Ärmel waren hochgekrempelt und auf ihnen steckten acht Haarclips. Sie trug flache Schuhe, die die Zehen offen ließen; ihre sehr langen schwarzen Haare, die von grauen Strähnen durchzogen waren, hatte sie zu einem Knoten hoch gesteckt.

Ich war so aufgeregt, dass ich aufstand und Xavier anrief. Ich erklärte ihm, dass ich seit Alberts Tod ungewöhnliche Erlebnisse hatte, und erzählte ihm, was geschehen war. Er schien aufnahmebereit, und deshalb fragte ich ihn nach seiner Großmutter und beschrieb sie in allen Einzelheiten. Er kicherte – er war sehr froh, es zu hören. Sie hatte dieses Kleid getragen, als sie sich das letzte Mal gesehen hatten. Sie war Friseuse und lief immer mit Haarclips an den Ärmeln herum. Er bestätigte, dass meine Beschreibung bis in alle Einzelheiten richtig war.

Sie hatte mir keine Botschaft mitgegeben, aber ich sagte ihm, dass sie ihm meiner Meinung nach mitteilen wollte, dass sie bei ihm war und über ihn wachte. Wenn ich ihm später begegnete, fragte er mich jedes Mal, ob ich eine Nachricht von seiner Großmutter hätte. Ich hatte keine, obwohl ich mir das wünschte. Ich schlug vor, er solle versuchen, für ihre Gegenwart offen zu sein, dann würde sie ihm vielleicht eines Tages ein Zeichen geben. Bis heute war dies allerdings nicht der Fall.

Ich habe mich nie um Astrologie, Numerologie, Tarot und andere Versuche, die Zukunft vorherzusagen, gekümmert oder daran geglaubt. Die Ereignisse, die ich beschrieben habe, haben meine Einstellung zur Spiritualität genauso beeinflusst wie die neuen Aidsmedikamente meine Gesundheit. Wenn Leute mich nach meiner Meinung zu professionellen Medien fragen, versuche ich, mich nicht festzulegen. Ich kann nicht für andere sprechen, aber ich glaube, dass jeder von uns die Fähigkeit besitzt, mit geliebten verstorbenen Menschen zu kommunizieren. Ich glaube, dass Drogen, Alkohol, Koffein, Stress und andere Ablenkungen dieser Welt diese Fähigkeit behindern. Wenn wir entspannt sind, zum Beispiel wenn wir friedlich aufwachen oder aus der Meditation herauskommen, kann jeder von uns sich mit geliebten Menschen verbinden. Sie haben immer ein offenes Ohr. Sie können und wollen uns antworten. Ihre Stimme kann sehr leise sein. Anstatt auf Bestätigung von außen zu warten, sollten wir an die Liebe glauben, die wir füreinander empfunden haben, und ihr vertrauen.

Alle beschriebenen Botschaften und Signale von Albert waren sehr persönlich und ernst. Sie wurden nicht zum Spaß mitgeteilt. Ich konnte sie nicht steuern. Wenn ich die Wahl gehabt hätte, hätte ich die Begegnungen vielleicht vermieden, aber da ich sie erlebt habe, kann ich sie nicht gut oder schlecht, positiv oder negativ nennen.

Natürlich ist es einfacher und angenehmer, bei guter Gesundheit zu sein. Finanzielle Sicherheit gibt dem Leben ein gewisses stabiles Fundament. Die Sympathie und das Mitgefühl von Freunden glätten die unvermeidlichen Unebenheiten auf der steinigen Straße des Lebens ganz erheblich. Aber auch ohne diese Dinge bin ich zu der felsenfesten Überzeugung gekommen, dass es so ist, wie Albert mir in seiner ersten Botschaft sagte:

Jeder Augenblick des Lebens hat Sinn und Zweck, und jedes Leid ist mit einem übergeordneten Guten verbunden.

Dieser Satz verhindert, dass ich vorschnell urteile. Die Dinge sind nicht immer so, wie sie scheinen. Leid und Schmerz, die wir jetzt erleben, können morgen enorme positive Veränderungen bewirken.

Heute glaube ich, dass die Gattung Mensch sich positiv entwickelt. Ich glaube, dass wir uns langsam auf ein »kollektives Bewusstsein« zubewegen. Ich glaube, dass die meisten Menschen von Natur aus gut sind. Ich glaube, dass jeder von uns positive Veränderungen im Universum bewirken kann, auch durch die kleinsten freundlichen Gesten.

Alberts Botschaften waren immer anders. Manche hatten mehr Tiefe als andere. Manche waren lang, andere kurz. Manche bekam ich, wenn ich allein war; bei anderen waren Freunde anwesend. Die Erfahrungen haben mich immer an die unerwarteten Veränderungen des Lebens erinnert. Das Leben folgt seinem eigenen Fluss, seinem eigenen Zeitplan.

Wir alle erleben Schmerz und Leid. Wir können uns entscheiden, welche Haltung wir dazu einnehmen. Auch Freude, Lachen und Liebe werden da sein. Es scheint klug, sich in schwierigen Zeiten auf die angenehmen Augenblicke zu besinnen. Dies scheint die beste Einstellung zu sein. Alles im Leben geht vorüber. Keine Schwierigkeit dauert ewig. Vielleicht ebnet das Unbeschreibliche, das wir Liebe nennen, uns den Weg. Ich kann mir unsere Lebensreise nicht ohne sie vorstellen.

9. Kapitel

Signale für neue Freunde

Albert gibt mir auch heute noch Signale. Ich bin immer froh, wenn ich solche Erlebnisse habe, aber am glücklichsten bin ich, wenn sie in Gegenwart anderer Leute stattfinden, was oft der Fall ist.

Vor kurzem tröstete ich einen neuen Freund namens Eddie Auger, der wegen einer Herzensangelegenheit – was sonst? – Kummer hatte. Im Verlauf der Unterhaltung flog ein winziger Kolibri in meine Wohnung und landete direkt auf meiner Schulter. Der kleine Vogel ließ zu, dass ich ihn berührte und streichelte, und ich umschloss ihn mit den Händen und gab ihn an Eddie weiter. Er wusste nicht so recht, was er davon halten sollte. Er dachte, der Vogel sei krank. Ich sagte ihm, er solle nach draußen auf den Balkon gehen und den Vogel freilassen. Sobald Eddie draußen war, flog der Vogel weg. Offenbar war er ganz gesund.

Eddie war begeistert. Er erzählte mir, dass er genau an diesem Morgen darum gebetet hatte, Hilfe und ein Zeichen zu erhalten. Ich war stolz darauf, dieses kleine Wunder mit Eddie zu erleben.

Ein bisschen später sprach ich mit einer Nachbarin, einer freundlichen und wunderbaren Frau namens Lori Loughlin. Sie spielte in der Fernsehshow *Full House* mit, hatte den Modedesigner Mossimo geheiratet und war zu der Zeit schwanger. Während des Zusammenseins spürte ich eine Seele, die mir sagte, dass sie bei der Geburt ein paar kleinere Komplikationen haben würde, dass aber alles gut gehen würde. Ich sagte ihr, dass ich das Gefühl hätte, dass das Baby ein bisschen früher kommen würde; vorgesehen war es für den 17. September. Sie fragte mich, wieso ich das wüsste. Ich sagte ihr einfach, ich hätte das Gefühl.

Am 16. September setzten bei Lori die Wehen ein, und die Ärzte mussten einen Kaiserschnitt vornehmen. Deshalb kam das Baby am 16. nachmittags zur Welt – nur ein bisschen früher als erwartet.

Es ist fast vier Jahre her, seit ich angefangen habe, diese Erlebnisse aufzuschreiben. Während der Arbeit an diesem Buch hatte ich viele Ablenkungen. Die größte war, in L. A. ein Haus zu kaufen und umzubauen. Als ich fertig war, veranstaltete ich eine Einweihungsparty. Ein Freund brachte eine Vermittlungsagentin für Häuser mit. Ich erfuhr, dass es in L. A. tatsächlich Vermittlungsagenturen für Häuser gibt. Wenn ein Haus die richtigen Eigenschaften hat, können in ihm Fernseh- oder Filmaufnahmen oder Fotoshootings stattfinden. Die Frau überredete mich, mein neues Haus ihrer Agentur anzuvertrauen. So wurde mein Haus sofort zu einer lukrativen Einnahmequelle.

Eines Tages absolvierte ich mein Sportprogramm bei Gold's Gym in Hollywood, als ein junger Modeschöpfer namens Anthony Franco mich ansprach. Er hatte mein Haus in einer Zeitschrift gesehen und bewunderte es. Er brauchte ein großes Haus für ein Modeshooting, aber da er erst am Anfang seiner Karriere stand, konnte er nicht viel Geld ausgeben. Er konnte es sich nicht leisten, das Haus über die Agentur zu buchen. Er schmeichelte mir sehr und wollte mein Haus unbedingt haben, und deshalb stellte ich es ihm kostenlos zur Verfügung.

Das Shooting sollte um 10 Uhr vormittags anfangen. Um 9 Uhr klingelte es, und eine strahlende, schöne junge Frau stand da. Auf den ersten Blick nahm ich an, sie sei eins der Models und etwas zu früh gekommen. Ich bat sie herein, und sie umarmte mich stürmisch.

Sie platzte heraus: »Joel, ich bin so froh, dass ich Sie nach zehn Jahren gefunden habe. Jetzt kann ich Ihnen danken.«

Für 9 Uhr vormittags war das eine ziemlich intensive Begrüßung und für mich ein peinlicher Augenblick. Etwas in ihren Augen war vertraut, aber ich konnte mich nicht genau erinnern, woher ich sie kannte. Ihre nächsten Worte halfen mir auch nicht weiter.

Sie sagte: »Ich bin Natalie Raitano«, und lächelte bezaubernd. »Sobald ich hörte, dass Anthony sein Shooting in Joel Rothschilds Haus macht, musste ich kommen und Sie sehen. Ich verdanke Ihnen so viel. Danke.«

Nach einem weiteren peinlichen Moment dämmerte es mir: Sie war ein ganz junges Mädchen gewesen, das im Portofino-Sonnenstudio gearbeitet hatte. Ich war 1990 einen Monat lang dort Kunde gewesen. Jetzt hatte ich ihr Gesicht zugeordnet, aber ich wusste immer noch nicht, warum sie so begeistert war.

»Erinnern Sie sich nicht an mich?«, fragte sie.

Ich sagte: »Ja, Sie sind das Mädchen aus dem Sonnenstudio.«

»Aber Sie wissen nicht, warum ich Ihnen so dankbar bin«, sagte sie. Sie erklärte es, und dann erinnerte ich mich.

Das Sonnenstudio war in Beverly Hills und wurde von einer ziemlich eingebildeten Klientel besucht. An Natalies zweitem Arbeitstag war ein Hollywood-Star da und benutzte eine der Sonnenbänke. Als ich hereinkam, stand Natalie am Empfangstresen und kämpfte mit dem Computerterminal. Der Star kam in diesem Augenblick aus der Kabine und fuhr Natalie auf widerwärtige, herablassende und bösartige Weise an, sie würde ihren Job nicht beherrschen. Ich habe gegen ein solches Verhalten immer protestiert und sagte also ziemlich unfreundlich zu dem Star, sie solle doch alle Menschen mit dem gleichen Respekt behandeln, den sie für sich verlangte.

Natalie war mir sehr dankbar, und in den nächsten Wochen unterhielten wir uns oft. Sie wollte Schauspielerin werden und war gerade ein bisschen deprimiert. Ich sagte ihr, sie sei ungewöhnlich schön und hätte außerdem, was noch wichtiger sei, ein überaus freundliches Wesen. Ich war sicher, dass sie Arbeit als Schauspielerin finden würde. Ich ermutigte sie, ihren Traum weiterzuverfolgen.

Jetzt, viele Jahre später, erzählte Natalie mir, dass diese einfachen Worte sie sehr beflügelt hätten. Sie hatte ihren Traum weiterverfolgt. Jetzt spielt sie eine Hauptrolle in der sehr erfolgreichen Fernsehshow *VIP*, zusammen mit Pamela Anderson.

Im Lauf der Begegnung spürte ich zwei Seelen um Natalie herum. Eine war ein jüngerer Mann, die andere eine ältere Frau. Beide wollten ihr etwas mitteilen, aber ich zögerte, ihr das jetzt zu sagen. Die Fotografen, Models und Stilisten waren angekommen, und es ging hoch her. Ich sagte Natalie, ich würde ihre Erinnerungen sehr schätzen, und die Geschichte würde mich wieder daran erinnern, dass auch kleine freundliche Gesten einen Schneeballeffekt haben. Wir umarmten uns zum Abschied, und ich ging in mein Arbeitszimmer.

Ein paar Wochen später rief Natalie noch einmal an, einfach um hallo zu sagen. Ich arbeitete an diesem Buch und erzählte ihr, was ich schrieb. Sie sagte, sie würde sehr gerne das Manuskript lesen. Ich zögerte, weil es ein sehr grober erster Entwurf war, schickte ihr aber dann doch widerstrebend eine Kopie. Am nächsten Tag rief sie an und sagte, wie gut ihr das Buch gefallen hatte. Für den nächsten Tag verabredeten wir uns zum Mittagessen.

Dabei machte sie mir unglaublich viel Mut – sie unterstützte mich jetzt genauso wie ich sie damals. Ich fühlte mich wohl und entspannt und erzählte ihr, das letzte Mal hätte ich zwei Seelen um sie herum gespürt, und jetzt würde ich sie wieder spüren. Natalie war ganz aufgeregt und empfänglich für alle Botschaften, die sie für sie hatten.

Ich beschrieb die Seelen im Einzelnen. Ich bat sie, mir nichts über diese Menschen zu erzählen, sondern mir nur mit einem einfachen Ja oder Nein zu sagen, ob meine Beschreibung zutraf. Sie lächelte ihr entwaffnendes Lächeln und nickte ein Ja. Ich wusste, dass die Botschaft stimmte. In den nächsten 50 Minuten gab ich eine detaillierte persönliche Botschaft an Natalie weiter. Als ich fertig war, war sie überwältigt, und wir weinten beide. An diesem Tag schlossen wir eine Freundschaft, die bis heute anhält.

10. Kapitel

Ein letztes Signal

(August 1998)

Diese Zeichen, Signale, Botschaften und Ereignisse bereichern mein Leben auch heute noch. In vielerlei Hinsicht und auf vielen Ebenen bin ich dankbar für sie.

Immer wieder habe ich über sie nachgedacht. Ich habe heftige Debatten über sie geführt, mit mir selbst und mit anderen. Obwohl ich sie selbst erlebt habe, habe ich sie in Frage gestellt.

Ich bin von Natur aus ein Skeptiker, genauso wie die meisten Leute, die ich kenne. Das ist ganz logisch. Wir leben in dieser materiellen Welt und lernen, uns nur mit unseren fünf Sinnen zurechtzufinden. Wir wachsen durch konkrete Erfahrungen. Der Glaube, dass das Leben zu Ende ist, wenn der Körper stirbt, scheint vernünftig zu sein. Aber auch wenn Sie an eine der Weltreligionen glauben, ist das Leben nach dem Tod ganz anders als alles, was wir uns vorstellen können.

Wenn geliebte Menschen aus unserem Leben verschwinden, scheint die Vorstellung tröstlich, dass wir sie wieder sehen werden, besonders wenn der Verlust neu und der Schmerz frisch ist. Vielleicht sät die Eitelkeit den Samen der ewigen Hoffnung, dass wir nach dem Tod weiterleben. Unzweifelhaft sind Menschen eitle Geschöpfe. Aber vielleicht ist es doch die Liebe, eine noch stärkere Emotion, die uns an ein Jenseits glauben lässt, an eine andere Welt, die dieser hier gar nicht so unähnlich und doch auf unvorstellbare Weise anders ist.

Egal, aus welchen Gründen wir an ein Leben nach dem Tod glauben – immer sind Vertrauen und Hoffnung im Spiel.

Aber einem guten Skeptiker gehen bei Geschichten wie meiner die Erklärungen nicht aus. Die vernünftigste ist, dass der Autor die ganze Geschichte erfunden hat, um Geld zu verdienen. Diese medialen Erfahrungen lassen sich nicht glaubwürdig und wissenschaftlich belegen. Ihnen fehlt die Wiederholbarkeit und Messbarkeit, die wir in dieser materiellen Welt verlangen. Wer an diese Geschichten glaubt, hat einen Sprung gemacht oder er hat den angeborenen Wunsch, an etwas Größeres zu glauben als das, was unsere Sinne erforschen und verarbeiten können. Wenn wir diese Geschichten für wahr halten, stehen zahllose logische, nicht zu beantwortende Fragen an.

Am einfachsten scheint es, die Geschichte zu verdrängen. Mag sein, dass auch hoffnungsvolle Optimisten sie in ihrem Gedächtnis unter der Rubrik »ungewiss« oder »zweifelhaft« ablegen. Die Zeichen waren so subtil, dass sie leicht reine Phantasieprodukte hätten sein können. Sie scheinen uns immer zur Hoffnung aufzurufen, ohne diese Hoffnung zu begründen. Wir können nicht nur von Hoffnung leben. Hoffnung nimmt uns nicht den Schmerz. Hoffnung bringt geliebte Menschen nicht wieder so ins Leben zurück, wie wir sie kannten.

Trotzdem ist Hoffnung das, was einige von uns am Leben erhält. Ein winziges Stückchen Hoffnung hat 1994 dafür gesorgt, dass ich mich trotz schwerster Krankheit ans Leben klammerte und um es kämpfte. Ein Mangel an Hoffnung spielte sicher bei Alberts Selbstmord eine Rolle, und auch beim Tod vieler anderer Menschen, die wir gekannt haben. Für mich ist Hoffnung etwas ganz Reales.

Ich habe in diesem Buch nichts erfunden. Vielmehr habe ich es in der aufrichtigen Überzeugung geschrieben, dass die Hoffnung, die es enthält, anderen helfen kann. Jedes einzelne Erlebnis hat meinen Glauben gefestigt. Aber ich bin ein Mensch wie alle anderen und ich bin an die materielle Welt gebunden. Es ist mir (zumindest derzeit) nicht möglich, 24 Stunden am Tag und sieben Tag in der Woche nur Hoffnung, Vertrauen und Optimismus zu haben. Es ist mir unmöglich, mich immerfort auf das große Ganze zu konzentrieren, das ich für wahr halte. Es kann sein, dass ich viele Lektionen, die ich gelernt habe, aus den Augen verliere, obwohl sie mein Wesen und meine Seele erleuchtet haben.

Manchmal ruft ein neuer Vorfall oder eine alte Erinnerung das Gelernte ins Gedächtnis zurück. Manchmal erinnern Freunde mich daran. Ich habe immer viel zu tun, meistens zu viel.

Vielleicht werde ich einmal so weise, kürzer zu treten und mein Leben zu vereinfachen. Ich verbringe viel Zeit damit, mich um die Zwänge, Notwendigkeiten und Verantwortlichkeiten des Lebens zu kümmern. Sogar ein einfaches Hobby wie das Gärtnern wird zu einem größeren Projekt, durch das ich pflichtbewusst im Hier und Jetzt bleibe. Oft verliere ich meine spirituellen Überzeugungen aus den Augen. Ich verliere den Kontakt zu meinem Glauben.

Das Leben findet immer wieder Möglichkeiten, uns von unseren spirituellen Lektionen abzubringen – aber wenn ich mich ganz an Alberts Worte in der Nacht nach seinem Tod halte, sind die Momente, in denen wir uns ablenken lassen, genauso wichtig wie alle anderen Momente.

Mitten in der Arbeit an diesem Buch passierte etwas Merkwürdiges, das ich für ein weiteres Zeichen von Albert halte. Allerdings war es von den anderen ganz verschieden. Aidsbedingt leide ich immer noch an einer Neuropathie in Händen und Füßen; sie macht das Schreiben extrem beschwerlich, und meine Handschrift sieht aus wie das Gekrakel eines Kindes. Ich konnte nicht Maschine schreiben und hatte keine Ahnung von Computern, als ich mit diesem Buch anfing, aber schließlich legte ich mir so ein Teil zu, einschließlich eines Spracherkennungsprogramms. Zu meiner absoluten Überraschung lernte ich, mit dem Laptop und einer Diktatsoftware zu arbeiten.

Mein Leben war reichlich voll gestopft mit Aktivitäten. Das Schreiben verbrauchte viel Zeit, und außerdem hatte ich einen Haufen Verantwortlichkeiten im Zusammenhang mit meiner Gesundheit, meinen Beziehungen und meiner Familie. Wenn alles zusammenkam, war ich vollkommen beschäftigt und verlor den Kontakt zu meiner spirituellen Seite und zu Albert. Ich brachte es fertig, ein paar Stunden jeden Tag für das Schreiben zu reservieren, meine Gedanken zu diktieren, den Text zu speichern und dann zu drucken.

Damals lebte ich seit fast zwei Jahren mit meinem neuen Partner Keith zusammen. Er arbeitet als Mikrobiologe in einem Labor. Ich war beim Schreiben, als er eines Abends nach Hause kam und mich daran erinnerte, dass es Zeit wäre, meine Eltern zum Abendessen abzuholen. Ich beendete schnell das Diktat, speicherte den Text und begann ihn auszudrucken. Ich war in Eile und dachte weder an den Inhalt dieses Buches noch an Albert, noch überhaupt an Spiritualität. Der Drucker spuckte die Seiten des Kapitels aus, und dann noch eine weitere Seite, als das Kapitel schon zu Ende war. Sie war fast leer – bis auf ein winziges Herz, das in der äußersten Ecke des Papiers außerhalb des normalen Rands saß.

Viele Leute hätten diesen kleinen Vorfall als unwichtig abgetan und vergessen, aber in Anbetracht dessen, was sonst passiert war, erregte er meine Aufmerksamkeit. Auch Keith wunderte sich. Ich hatte dieses Zeichen nicht eingegeben, und wir hatten das Herz auch sonst noch nie irgendwo gesehen. Ich überprüfte den Stapel neuen Papiers, den ich in den Drucker gelegt hatte, und suchte nach einem weiteren Herz. Alle Blätter waren absolut leer. Ich dachte über das Herz nach und suchte nach einer logischen Erklärung.

Später am Abend zeigte ich das Herz Ed Foley, der 1994 zufällig als Einziger Alberts Abschiedsbrief an mich gesehen hatte. Er erinnerte mich daran, dass Albert ein winziges Herz auf den Brief gezeichnet hatte. Das kleine Herz fiel mir wieder ein, und ich sah die Verbindung. Das Herz war ein materielles Zeichen von Albert für mich.

Das kleine Herz ist seitdem sieben- oder achtmal aufgetaucht – immer in der Ecke, außerhalb des Rands. Es ist bei zwei verschiedenen Computern passiert, bei zwei verschiedenen Druckern. Das Symbol ist, soweit ich weiß, auf keiner Software. Ich wüsste nicht, wie ich es ausdrucken sollte, wenn ich es versuchen würde. Ich habe es kopiert und auf der letzten Seite dieses Buches maßstabgerecht wiedergegeben. Wenn Sie wollen, zerbrechen Sie sich darüber den Kopf; es ist jedenfalls ein ziemlich erstaunlicher »Zufall«, dass dieses kleine Herz, das genau dem auf Alberts Brief gleicht, plötzlich ohne Grund erscheint.

Ich für meinen Teil habe beschlossen, es für ein weiteres Signal zu halten, denn ich habe keine logische Erklärung dafür. Ich glaube, dass das kleine Herz voller Liebe von jenseits unserer Welt gekommen ist.

Albert und ich waren in einer tiefen Krise eng befreundet. Wir bewunderten und respektierten uns sehr. Der Tag, an dem er sich das Leben nahm, war der schmerzlichste Tag meines Lebens. Dieser große Verlust änderte den Lauf meines Lebens drastisch, ließ mich aber in den Genuss von Wundern kommen, die ich nie für möglich gehalten hätte.

All meine Gefährten haben ihren Kampf gegen Aids verloren. An viele von ihnen habe ich wunderschöne Erinnerungen. Aber nur Albert hat mir ein Geschenk hinterlassen.

Vielleicht war ihm nach seinem Tod irgendwie klar geworden, wie viel zusätzlichen Schmerz er mir bereitet hatte. Vielleicht ist das der Grund dafür, warum er so oft Verbindung zu mir aufnimmt. Ich habe immer noch Fragen, auf die ich keine Antwort bekommen habe. Auch ich habe manchmal Zweifel. Aber nach solchen inneren Debatten erinnere ich mich an Alberts Worte, an all diese kostbaren Augenblicke und an das kleine Herz, und dann bin ich wieder voller Hoffnung.

Diese Hoffnung lässt mich lächeln. Diese Hoffnung ist etwas Reales, das meinen Weg in dunklen Zeiten erhellt. Und wenn für mich die Zeit des Sterbens kommt, werde ich hoffnungs- und vertrauensvoll, mit einem Lächeln und ohne Angst nach vorne schauen und mich an das kleine Herz und all die anderen Signale Alberts erinnern.

Es wäre schön, wenn einige von Ihnen – die Aufgeschlosseneren, die weniger Skeptischen – nach der Lektüre meiner

Geschichte irgendwie aufwachen und sich ihrer Verbindung zu einer sehr viel größeren Welt, einer sehr viel größeren Realität bewusst würden. Es wäre schön, wenn einige von Ihnen auf eventuelle Signale von lieben Verstorbenen achten würden. Solche Botschaften können so viel Heilung und Liebe bringen.

Durch die Lektüre dieser Geschichte haben Sie auch Alberts letzten Wunsch erfüllt, nicht vergessen zu werden. Dafür danke ich Ihnen.

Epilog
(3. September 1999)

Es ist jetzt ein Jahr her, seit das kleine Herz auf meinem Drucker erschienen ist, und vom Computeranalphabeten bin ich zum Internet-User geworden. In diesen zwölf Monaten waren die Kontakte zu Albert seltener, aber nicht weniger wichtig. Meine alten Freunde vermisse ich immer noch, aber meine Beziehungen zu Natalie Raitano, Ed Auger, Cliff Watts und anderen neuen Freunden haben sich intensiviert.

Mein Terrassengarten blüht und gedeiht, und ich füttere eine Gruppe Waschbären, die im Wald leben. Ich habe ein paar graue Haare mehr bekommen, und bis auf ein paar Ausnahmen war meine Gesundheit in diesen zwölf Monaten stabil. Keiths Forschungsergebnisse sind in zwei Fachzeitschriften veröffentlicht worden. Wir haben einen neuen Jack-Russell-Terrier namens Billy. Keith hat ihn nach William Shakespeare benannt. Billy macht sich einen Spaß daraus, die kleine Kolibrifamilie zu ärgern, die in den Purpurwinden ihr Nest hat.

Als ich die endgültige Fassung des Manuskripts fertig hatte, verteilte ich Kopien an Familienangehörige und Freunde; ein paar schickte ich auch an Autoren. Einer von ihnen war Neale Donald Walsch. Er gab das Manuskript seiner Assistentin Cathy Bolton zur Durchsicht. Meine Geschichte löste in ihr eine starke Resonanz aus; sie erzählte mir, beim ersten Kapitel hätte sie geweint. Ich rief sie an, und wir hatten ein sehr schönes Gespräch. Sie erzählte mir, sie hätte Kolibris immer geliebt; im Sommer würde sie sie füttern und jedes Frühjahr auf ihre Rückkehr warten. Sie ist Sängerin, und ihr neuestes Album heißt *Wind Beneath My Wings*.

Sie schickte mir ihr Album, und ich hörte ihre schöne Stimme und genoss ihre Version des Liedes. Ein anderes Lied des Albums war zufällig ein Lieblingslied aus meiner Kindheit, und auf die CD-Hülle hatte sie einige Zeit vorher ein kleines Herz gesetzt, genau wie das, das Albert mir geschickt hatte. Cathy und ich unterhielten uns über diese merkwürdigen kleinen Zufälle und empfanden sofort eine freundschaftliche Verbundenheit. Sie hatte Neale Walsch von meinem Buch erzählt, aber er war beschäftigt und hatte es noch nicht gelesen.

Mein Ego wollte seine Unterstützung, aber sowohl Cathy als auch ich waren der Meinung, dass wir es dem Schicksal überlassen sollten, und ich übergab die Sache dem Universum. Als sie ein paar Tage später einen Bericht für Neale Walsch ausdruckte, kam eine zusätzliche textlose Seite mit vier kleinen Herzen aus dem Drucker, genau wie die, die ich auf meinem Drucker gehabt hatte. Cathy war begeistert, rief mich an und erzählte mir davon. Ich spürte, dass die vier Herzen ein Zeichen waren – eins war für Albert, eins für Cathy und die zwei anderen für ihre beiden Kinder.

Am nächsten Morgen zeigte sie die kleinen Herzen Mr. Walsch. Er und seine Frau Nancy bereiteten sich auf eine Reise nach Korea und Europa vor. Er sagte Cathy, sie solle mein Manuskript mit einpacken.

Wochen vergingen, ohne dass ich von Mr. Walsch etwas hörte. Dann weckte unser Hund Billy mich letzte Nacht durch ein schwaches Winseln aus tiefem Schlaf. Ich stand auf und beschloss, meine E-Mail nachzusehen, und da war das Vorwort. Es war so schön, dass mir die Tränen kamen. Ich wusste, dass meine Geschichte dank seiner freundlichen Worte viele Menschen erreichen würde.

Dann erkannte ich, dass ein weiterer »Zufall« stattgefunden hatte: Über meinem Bett hängt ein Kunstwerk, das ich sehr schätze. Es ist das letzte, was Albert und ich zusammen gekauft haben, eine wertvolle Radierung von einem berühmten italienischen Künstler des 18. Jahrhunderts, Giuseppe Vasi. Ein paar Wochen vor Alberts Tod hatte ich ihn in einen Trödelladen geschleppt, wo wir es für gerade einmal hundert Dollar erstanden hatten. Seitdem habe ich es mir jeden Tag angesehen, und auch Keith schätzt es von allen Sammlerstücken im Haus am allermeisten. Ich hatte gedacht, das Wunder wäre, dass wir etwas so Schönes für so wenig Geld gefunden hatten. Aber das war nicht alles. Die Radierung zeigt nämlich den Arno von der Stelle aus, an der Neale Donald Walsch stand, als er die Idee zu diesem Vorwort hatte.

In meinen Gebeten bitte ich oft darum, dass diejenigen von Ihnen, die sich mein Buch zu Herzen genommen haben, und die, die schon selbst Signale bekommen haben, dies auch anderen mitteilen. Auf unserem kleinen blauen Planeten findet ein spirituelles Erwachen statt, und das ist das größte Geschenk, das wir bekommen haben. Ich glaube, dass die von uns, die dieses Geschenk schon entgegengenommen haben, verpflichtet sind, denen Hoffnung zu machen, die es noch nicht kennen.

Solche Ereignisse sind keine Zufälle. Sie beeinflussen das kollektive Bewusstsein und haben die Macht, für uns alle ein besseres Leben und eine bessere Welt zu erschaffen. Ich bete darum, dass Sie weitermachen und Liebe, Güte und Hoffnung an andere weitergeben.

Über den Autor

Joel Rothschild ist ein Langzeit-Aids-Überlebender. Er ist in Miami Beach, Florida, geboren und aufgewachsen. Nach der Graduierung an der Florida Atlantic University machte er sein Hobby, das Bodybuilding, zum Beruf und eröffnete ein Fitness-Studio in Atlanta/Georgia. Es war sofort ein Erfolg und zog berühmte Leute wie Arnold Schwarzenegger und Bruce Springsteen an. Nach ein paar Jahren zog er nach Los Angeles, wo er seitdem lebt. Er hat alle Prognosen (und zwei seiner Ärzte) überlebt. Er hat als Aids-Aktivist und als Freiwilliger in verschiedenen Organisationen gearbeitet, die er auch finanziell unterstützt.

Zu seinen Hobbys gehören Gärtnern, Sport treiben und Gedichte schreiben. Er wohnt mit seinem Partner Dr. Keith del Villar, einem bekannten Forscher, und dem Jack-Russell-Terrier Billy zusammen. Gemeinsam genießen sie klassische Musik, Theater, Vorleseabende, lange Spaziergänge und tiefsinnige Unterhaltungen.

Joel Rothschild steht auf begrenzter Basis für Vorträge und Workshops zur Verfügung. Er bemüht sich, vor allem gemeinnützige Organisationen zu berücksichtigen. Wenn Sie ihn kontaktieren wollen, schreiben Sie bitte an:

P.O. Box 38773
Los Angeles, CA 90038, USA
Internet: www.joelrothschild.com

Im liebenden Andenken
an Albert Fleites

5. Oktober 1961–1. Juni 1994

Nicht viele Eide stiften die Wahrheit,
sondern ein einziges einfaches Versprechen,
das gehalten wird.

William Shakespeare,
»Ende gut, alles gut«

Literaturhinweise

Joan Borysenko: *Feuer in der Seele,* Bauer, Freiburg, 2. Aufl. 1996

Deepak Chopra: *Die sieben geistigen Gesetze des Erfolgs,* Heyne, München 1998

Viktor Frankl: *Der Mensch vor der Frage nach dem Sinn,* Piper, München, 10. Aufl. 1998

Raymond Moody: *Leben nach dem Tod,* Rowohlt, Reinbek 1977

C. Norman Shealy und Caroline M. Myss: *Auch du kannst dich heilen*, Laredo, Chieming 1994

Bernie Siegel: *Prognose Hoffnung,* Econ, Düsseldorf 1998

Neale Donald Walsch: *Gespräche mit Gott,* Goldmann, München, Bd. 1: 1997, Bd. 2: 1998, Bd. 3: 1999

Brian Weiss: *Inkarnation der Liebe,* Econ, Düsseldorf 1997